Collection « Socio-anthropologie des mondes méditerranéens et africains »

Cette collection, fondée et dirigée par Pierre-Noël Denieuil, s'attache à valoriser et à diffuser les travaux de chercheurs en sciences humaines et sociales, portant sur les territoires méditerranéens : Maghreb, Proche-Orient, rives nord et sud-est de la Méditerranée.

La dimension socio-anthropologique est le garant d'une attention portée aux populations, à leurs usages, à leurs systèmes de valeurs et au lien social qui structurent un projet de société. Cette perspective peut judicieusement se superposer avec des approches historique, juridique, politologique et économique des mondes concernés.

Sur les bases géographiques et disciplinaires ci-dessus décrites, la collection abrite des thématiques aussi variées et complémentaires que : monde rural et agricole ; dynamiques urbaines ; entrepreneuriat et accès à l'emploi ; développement social, sociabilités et solidarités ; politiques publiques et espaces privés ; réformes et réformisme ; socio-anthropologie du droit ; sociologies de la santé ; recompositions de la famille.

Ces travaux peuvent être monographiques (axés sur un pays en particulier) ou plus précisément comparatifs (approches croisées sur les sociétés, analyse des interdépendances entre les deux rives).

5-7, rue de l'École polytechnique, 75005 Paris

www.harmattan.fr

ISBN : 978-2-343-22546-3
EAN : 9782343225463

La Tunisie en pandémie

Houda Laroussi

La Tunisie en pandémie

De la corruption à la solidarité

L'Harmattan

DE LA MÊME AUTEURE

Les descendants d'immigrés tunisiens en France et en Tunisie. La relation des deux rives, (en collaboration avec Pierre-Noel Denieuil, Sonia El Amdouni, Radhia Mechken, Makrem Mandhouj et Nouha Doudech), 455 pages, Nirvana, Tunis, 2019.

Femmes et développement local en Tunisie, 180 pages, L'Harmattan, Paris, 2018.

Pratiques du travail social en France et au Maghreb (direction d'ouvrage), 339 pages, L'Harmattan, Paris, 2017.

Tunisie 2011-2014. Radioscopie d'une entrée en révolution (en collaboration avec Pierre-Noël Denieuil), 181 pages, L'Harmattan-CRDI-OJT, Paris-Tunis, 2017.

Le prêt sur gage au Crédit municipal de Paris. Clientèle et mondes sociaux, 302 pages, Karthala, Paris, 2012.

Micro-crédit et lien social en Tunisie. La solidarité instituée, 352 pages, Karthala, Paris, 2009.

Le développement social local et la question des territoires (en collaboration avec Pierre-Noël Denieuil), 271 pages, L'Harmattan, Paris, 2005.

INTRODUCTION

La crise épidémique de 2020

Ce livre a été écrit lors de la première période de confinement en Tunisie, de mars à juin 2020. Ses matériaux en ont été principalement nos lectures papiers, nos navigations sur le net, quelques échanges avec nos proches, ainsi que la mémoire et les savoirs de nos propres travaux de recherches. Le texte qui s'en suit est volontairement daté sur une période qui s'est prolongée par la suite, qui a connu les rebondissements que l'on connait (multiplicité de vagues du Covid 19), qui demeure aujourd'hui en cours, et qui a marqué le début d'un nouveau monde. Ce texte est caractérisé par son allure de réponse à un état de confinement et d'immobilisation, d'essai personnel exploratoire sur un sujet qui nous concerne tous. Il en est une tentative de compréhension et de mise en perspective globale dans un contexte international, et avec pour point focal la Tunisie. Il prend en compte, avec toutefois la prudence et les conditionnels nécessaires face aux données recueillies, des informations notamment géopolitiques, largement relayées sur les réseaux numériques et souvent peu disponibles dans la presse officielle et dans les études commanditées par les institutions.

Le virus qui nous occupe n'est pas spécifique à un pays, il est précisément l'une des manifestations de la mondialisation, délibérément transfrontalier. Il n'est pas tombé du ciel, il s'est construit et transmis à l'international. Les gouvernements et décideurs qui s'y trouvent confrontés lui opposent des règles, des réformes, des politiques. Mais son actuel rayonnement géographique partout dans le monde, s'inscrit dans une dimension historique. En effet depuis les débuts de l'humanité, virus et pandémies ont sévi, ont décimé des populations, ont subi des changements économiques et des bouleversements sociaux, ont souvent été instrumentalisés par les institutions et les politiques des pays concernés, limitrophes ou colonisateurs, voire ont servi des chutes d'empires ou des déclins de sociétés.

Le Coronavirus, une énigme non résolue

Le virus Corona s'est propagé en décembre 2019 pour s'inscrire dans une pandémie mondiale. La majorité des pays touchés n'a pas estimé son ampleur et sa vitesse de propagation. Dès son apparition, le virus a été sous-estimé en raison de son caractère asymptomatique ou bénin chez la majorité des personnes atteintes. Nous nous sommes alors, durant cette première vague, posé plusieurs questions traitant de la propagation du virus et des modalités de son traitement.

La famille des coronavirus comprend 6 virus qui infectent les humains. Quatre d'entre eux (OC43, HKU1, NL63 et 229E) dérangent l'individu, provoquant pour un tiers du rhume. Les deux autres virus sont le MERS (coronavirus du syndrome respiratoire du Moyen-Orient) et le SRAS (syndrome respiratoire aigu sévère). Les chercheurs en épidémiologie précisent que le virus Corona, qui existe depuis des siècles, est très abondant chez les animaux[1]. De

[1] Une infection de personne par contact direct avec des animaux infectés ou des environnements contaminés, ne conduit pas à une transmission efficace du virus chez l'homme. Rien n'indique qu'une personne puisse être infectée par

nombreux aspects de ce virus Corona 19 sont encore inconnus car il provoque une maladie dont les symptômes sont différents de la grippe, il se propage facilement et tue rapidement. La forme du virus est sphérique, avec des épines ou gousses, contenant la protéine appelée ACE2. Selon les experts, la température ne l'affecterait pas, et il pourrait toucher les jeunes toutefois souvent asymptomatiques mais néanmoins porteurs auprès des personnes à risques ou des plus de 65 ans. La personne atteinte ne tombera pas forcément malade au cours des premiers jours de sa contamination, et certains même ne ressentiront aucun symptôme. La période d'incubation varie considérablement d'une personne à l'autre, mais est en moyenne de cinq jours. Le virus a surtout besoin de corps vivants, mais peut néanmoins survivre plus de sept jours sur les surfaces. Il est toutefois une chance qu'il puisse être anéanti par lavage au savon.

Il se caractérise par des affections du système respiratoire, se propage rapidement dans l'air par petites bactéries invisibles, et sa contamination s'effectue par la proximité entre personnes ou par le biais des surfaces infectées. Il atteindrait d'abord les cellules de la gorge, la trachée puis les poumons. L'infection des voies respiratoires supérieures peut être transmise facilement, elle est bénigne, tandis que l'infection des voies respiratoires inférieures est plus difficile à transmettre, mais elle est plus grave et entraine une difficulté à respirer. Des chercheurs chinois de l'Université de Sichuan auraient mis en évidence que le covid-19 ne s'attaque pas aux voies respiratoires mais plutôt au système sanguin. Les poumons des patients atteints du virus fonctionneraient normalement et c'est en fait la

des virus de la grippe aviaire ou animale par des aliments correctement cuits. Néanmoins la majorité des infections humaines par les virus A H5N1 et A H7N9 ont été associées à un contact direct ou indirect avec des volailles infectées vivantes ou mortes. Le contrôle de la maladie au niveau de la source animale est essentiel pour réduire l'exposition humaine au risque d'infection.

capacité des globules rouges à transporter l'oxygène qui serait affectée en bloquant le métabolisme de l'hème qui capte l'oxygène. Les effets sur les poumons qui sont identifiés sur les scanners seraient le résultat d'une réaction inflammatoire qui donnerait ces aspects sur les images. Si cette étude se révèle vérifiée, l'usage des respirateurs artificiels s'avérerait complètement inutile. L'enjeu serait alors de s'équiper en appareils de purification sanguine. Des recherches récentes montrent que toutes les personnes atteintes de coronavirus ne se sont pas complètement rétablies de la maladie, certaines ont de nouveau été exposées au virus et peuvent même atteindre la mort. Contrairement à ce que certains chercheurs ont mentionné dans ce domaine (il est dit au printemps 2020 que le vaccin n'apparaitra pas à court terme), un vaccin est apparu et aujourd'hui largement pratiqué dans le monde.

Les premiers contrecoups du virus sur l'économie mondiale

La pandémie que nous vivons actuellement ne constitue pas une nouveauté, et s'inscrit dans le cours de l'histoire de notre humanité. Malgré nos progrès scientifiques, nous restons comme les sociétés antérieures, face à un danger dont on ne connait pas grand-chose, on est dans l'ambiguïté sur ses origines, sa durée d'action, et ses formes de propagation.

En 6 mois, le virus a frappé plus de 208 pays à travers le monde, infecté plus de trois millions de personnes, causé la mort de milliers de victimes, et des millions d'élèves ont abandonné les écoles du monde entier par crainte d'une contamination. De même, des centaines d'événements sportifs et culturels ont été annulés, de nombreux lieux de culte ont été fermés aux musulmans, aux chrétiens et aux juifs, ainsi que des lieux de divertissement, des théâtres et du cinéma. Les compagnies aériennes et les trains ont annulé leurs vols par crainte de la propagation du virus, des licenciements de milliers de travailleurs et des pertes de milliards ont été enregistrés, les secteurs économiques et productifs se sont contractés et des milliards de dollars ont été perdus sur les marchés financiers.

Le Coronavirus après avoir touché des milliers de personnes en Chine, s'est déplacé et a fait basculer de manière radicale l'économie mondiale et l'ordre des marchés financiers internationaux. Tout cela s'est traduit par une forte récession économique et un faible commerce mondial. Des effets plus sévères encore sont prévus sur l'économie mondiale pour la décennie à venir. La reprise d'une économie interconnectée ne sera pas immédiate, elle devra être ralentie par les gouvernements, les entreprises et les particuliers, et reposera sur la capacité des secteurs de la santé à maîtriser la pandémie. Dans l'Union européenne, les bourses de Paris et de Francfort ont enregistré une baisse de plus de 10% au cours du mois d'avril après que la Banque centrale européenne ait dévoilé une série de mesures pour soutenir l'économie de la zone euro, sans toutefois réduire délibérément les taux d'intérêt. L'indice CAC 40 a baissé de 10,2%, tandis que l'indice DAX 30 à Francfort s'est effondré de 10,3%. Toujours au mois d'avril, les marchés européens ont connu une détérioration continue après que Donald Trump ait annoncé la suspension de tous les vols entre l'Europe et les États-Unis pendant 30 jours. Le trading a été interrompu à la Bourse de New York après son ouverture pendant 15 minutes pour la deuxième fois au cours de la semaine du 13 avril. L'indice Dow Jones a baissé de 7,20% et l'indice Nasdaq, qui était dominé par les actions de sociétés technologiques, a baissé de 7,03%. A Tokyo, le Nikkei a reculé de 4,41%, perdant ainsi plus de 20% depuis le début de l'année. Le yen, un havre sûr pour les investisseurs, a augmenté de manière significative par rapport au dollar et à l'euro, une évolution très défavorable pour les groupes d'exportation japonais.

Dans le monde arabe, les bourses du Golfe ont enregistré des pertes de négociation le jeudi 16 avril après deux jours de reprise, à la suite d'une escalade de la guerre du pétrole qui en a provoqué la baisse des prix. De son côté la bourse saoudienne, Tadawul, a baissé de 3% au cours des derniers jours de bourse avant le week-end, tandis que les actions du géant pétrolier Aramco ont perdu 2,4% de leur valeur quatre jours avant de publier les résultats annuels. Des pertes importantes ont été enregistrées aux Émirats Arabes Unis, l'indice du marché de Dubaï baissant de 8% et Abu Dhabi de 7,4%. De même sur la même période, la Bourse de Qatar a chuté de 4,5%, le marché d'Oman a chuté de plus de 3% et le marché de Bahreïn de plus de 2%, tandis que la Bourse de Koweït est restée fermée.

Un révélateur de la crise et d'un nouvel ordre mondial

La crise du corona virus révèle l'émergence d'un autre ordre mondial en remettant en question son ordre social (la distanciation, le repli familial), sanitaire (la santé et la sécurité en question), économique (arrêt des entreprises, télétravail), financier (effondrement des marchés, chute des bourses), et politique (affaiblissement des Etats, indécision politique). Elle est à l'origine d'un nouveau débat : le dilemme entre préserver l'économie ou protéger la santé, développer des biens ou préserver l'humain. L'équilibre à tenir entre les deux options se pose, la santé humaine ou l'argent. Certains pays au Nord ont les moyens de contourner la crise financière, d'autres au Sud ne les ont pas.

Nous avons voulu dans cet ouvrage, apporter un éclairage sur les retombées de la pandémie sur nos sociétés. Nous avons assimilé la crise économique et sociale qui sévit à l'échelle internationale depuis l'essor de la pandémie, à un changement radical, voire à un virage sans précédent dans l'histoire de l'économie. Nous l'avons qualifié de « Coronavirage », concept proposé par le sociologue tunisien Abdelkhalek B'Chir. Ce Coronavirage constitue pour nous l'occasion de nous pencher sur ce nouvel ordre du monde qui devient aujourd'hui le cadre de référence dans lequel nous évoluons notamment en Tunisie. Nous avons mis l'accent tant sur la crise sanitaire que sur la nouvelle expérience que traverse la majorité des populations. Le Coronavirus a été un bon révélateur de la crise de certaines sociétés maghrébines, notamment l'Algérie, le Maroc et la Tunisie. Ces trois pays ont connu des soulèvements populaires et des mouvements de protestations sociales et politiques au cours des dix dernières années. Les répercussions du Covid sur ces sociétés convergent pour renforcer des pratiques de spéculations et de trafics notamment de produits alimentaires utiles en période de confinement. Nous nous trouvons ainsi pris en étau entre ce nouvel ordre international et la nécessité d'un changement radical. L'économie tunisienne au prisme de cette crise, doit en saisir l'occasion pour muter et s'orienter vers un développement social plus harmonieux, réconciliant ses antagonismes, pauvres et riches, jeunes et seniors, secteur public, privé et informel.

Dans une première partie, *Le virus opérateur de changements,* nous resituons celui-ci dans le cadre de l'ensemble des pandémies mondiales et au-delà des frontières. Ces pandémies, toutefois de moins en moins mortelles, ont introduit de nombreux changements dans les sociétés et suscité de multiples interdépendances entre elles, profitant parfois au colonisateur. Le corona virus est devenu un phénomène social qui imprime profondément les comportements individuels et collectifs. S'il suscite de la distanciation sociale, il peut aussi être producteur de solidarité et de lien humain, ainsi que d'innovation avec l'enseignement à distance et le télétravail. Il est aussi l'occasion pour les gouvernements d'édicter de nouvelles règles et doit susciter la vigilance du citoyen. Enfin, nous verrons que la crise économique qui touche l'Algérie, le Maroc et la Tunisie, a induit de nouvelles pratiques de petite corruption et de spéculation dans des contextes de fragilité financière et bancaire.

Dans une seconde partie, *Géo politique du nouvel ordre international,* nous abordons le nouveau contexte des pays arabes et maghrébins jusqu'en 2020. Nous situons la crise du coronavirus dans le cadre de l'effondrement des échanges mondiaux, et de la crise financière et boursière qui y sévit. Nous envisageons tout d'abord les Etats-Unis comme régulateurs de l'ordre mondial d'une part par leur ingérence dans les affaires du monde, de l'Amérique du Sud à l'Asie, et d'autre part dans le cadre d'un projet de « base militaire américaine » dans le sud de la Tunisie. Puis nous poursuivons notre tour d'horizon de l'affaiblissement de l'Europe par la pandémie, à la suprématie désormais prise par la Chine. Enfin, cette partie se termine par un retour succinct sur les principaux réseaux d'influences internationales de nos jours présents en Tunisie.

Dans une troisième partie, *La corruption dans toutes ses dimensions*, nous décrivons quelques idéaux types de la corruption en Tunisie, depuis la corruption financière et familiale au sommet de l'Etat, jusqu'aux transactions commerciales de la petite corruption du marché noir et parallèle, des monopoles et du blanchiment d'argent. Nous posons pour terminer, des jalons pour la constitution en Tunisie, d'un centre universitaire de recherche sur la corruption. Nous y proposons tour à tour : un projet de documentation et de capitalisation de l'existant, les approches à mettre en œuvre pour mieux « comprendre » et expliquer la corruption, puis quelques propositions d'études ou de thématiques de recherches à conduire.

Dans notre dernière partie, *Le curriculum de l'économie sociale et solidaire CUR'ESS* nous souhaitons, dans une Tunisie où dominent le chômage et les pratiques informelles, prôner un nouveau modèle, celui de l'économie sociale et solidaire. Dans cette perspective, nous reviendrons à l'expérience de la coopération ou de la « réciprocité » pour utiliser le terme d'Ahmed Ben Salah, afin de comprendre les modalités et le développement de cette expérience dans l'histoire de la Tunisie. Nous y évoquerons les racines de l'économie sociale et de la solidarité au travers des expériences algériennes et tunisiennes. Puis nous présenterons les grands axes d'un nouveau projet pour la Tunisie, tant dans les objectifs concrets qui doivent présider à sa mise en place, qu'autour de la suggestion de propositions stratégiques pour la relance de l'économie dans le cadre du CUR'ESS. Ce nouveau projet prendrait place en Tunisie dans la construction d'un troisième secteur, apte à absorber l'économie dite informelle, et s'inscrirait en complémentarité avec le secteur public et le secteur privé.

PREMIÈRE PARTIE

Le virus opérateur de changements

Nous allons voir ci-dessous d'une part que les épidémies n'ont pas de frontières, d'autre part que l'on doit considérer le corona virus dans son ampleur de phénomène social. Nous aborderons enfin le développement de la crise et la montée des spéculations en Algérie, au Maroc et en Tunisie.

1. LES ÉPIDÉMIES AU-DELÀ DES FRONTIÈRES

Tout au long de l'histoire de l'humanité, les épidémies - peste, choléra, grippe - ont ravagé des pays entiers et ont causé d'énormes dégâts. Ces maladies, déclenchées à travers des créatures microscopiques non identifiables par l'homme, ont produit plus de victimes que toutes les guerres. Elles ont tué des millions de personnes. La Peste Justinienne a tué entre 30 et 50 millions de personnes au VIe siècle, soit l'équivalent de la moitié de la population mondiale à l'époque. Le virus a frappé l'Empire byzantin, en particulier sa capitale, Constantinople, ainsi que l'Empire sassanide et les villes côtières de toute la méditerranée, où les navires marchands abritaient des rats transportant des puces infectées par la peste.

Rappelons que la plus importante dans l'histoire, « la mort noire ou la peste noire » a atteint trois continents au XIVe siècle entre 1347 et 1351 et a entraîné la mort de près de 200 millions de personnes en Afrique du Nord, en Asie et en Europe (soit sur ce continent à peu près le tiers de la population totale).

En 1720, la grande peste de Marseille a tué environ 100 000 personnes, et cent ans plus tard, en 1820, le choléra faisait disparaitre plus de 130 000 personnes en Indonésie, en Thaïlande et aux Philippines. En 1920 la grippe espagnole a décimé près de 50 millions de personnes, tandis qu'environ 500 millions d'individus dans le monde ont été infectés. Ces épidémies ont fait d'autant plus de dégâts qu'une grande partie de leurs populations a été confinée dans des endroits clos et contaminés, comme des écoles, des casernes et des bâtiments gouvernementaux. En 2020 (encore l'année 20 !), le monde entier vit désormais le cauchemar de la pandémie du Corona Virus.

D'autres épidémies aussi chaotiques ont couté la vie à des millions de personnes et dont les effets sur certains continents étaient sismiques. La variole a causé la mort de près de 90% de la population indigène des États-Unis et de l'Amérique latine. Elle a également coûté la vie à environ 56 millions de personnes au cours du XIXe siècle. De même l'épidémie du Choléra est apparue en Inde, et s'est propagée dans la plupart des régions du pays, puis dans les régions voisines, et a fait un million de morts entre 1817 et 1923. L'Organisation mondiale de la santé a décrit le choléra, qui a infecté entre un et quatre millions de personnes par an, comme une « épidémie oubliée ».

Tout cela a persisté au XXème siècle et à notre époque si on décentre notre regard sur l'ensemble du monde. Notons la Grippe asiatique, qui s'est propagée en Chine en 1956, et le virus qui a provoqué l'infection H2N2, a ensuite été transmis à Singapour en 1957. Le nombre total de décès en résultant est de plus d'un million de personnes.

Puis le premier malade du SIDA a été découvert en 1981 et des milliers de personnes dans le monde en sont encore atteintes. Depuis cette date, la maladie a coûté la vie de 25 à 35 millions de personnes.

L'épidémie de choléra se poursuit jusqu'à présent, notamment au Yémen où environ 3 000 enfants sont morts entre 2016 et 2020. Une autre épidémie aussi mortelle est la grippe porcine qui est apparue en 2009 aux États-Unis et au Mexique, d'où elle s'est déplacée dans tous les pays du monde et a entraîné la mort de 18 500 personnes, forçant l'Organisation mondiale de la santé à lever l'état d'urgence en 2010. Enfin, le virus d'Ebola, s'est manifesté dans un petit village de Guinée en 2014, puis s'est propagé à un certain nombre de pays voisins en Afrique et ailleurs dans le monde. Il a tué plus de 11 000 personnes entre 2014 et 2016.

Ces pandémies ont toutefois marqué des formes d'interdépendance entre les sociétés[2]. Les plus positives sont la coopération internationale qu'elles ont pu susciter. Les plus négatives ont trait au contexte du colonialisme et de ce que l'on désigne par « l'expansion européenne »[3]. En fait la « peste bubonique » qui a ravagé l'Europe a causé la mort d'un nombre considérable parmi les paysans. La pénurie de la main d'œuvre a incité les propriétaires à trouver d'autres moyens beaucoup plus modernes pour remplacer les méthodes traditionnelles dans le travail agricole. Cela a contribué non seulement au développement de l'agriculture de l'époque, mais a participé au déploiement de l'économie européenne et incité à

---

[2] La propagation du virus a contribué à la cessation des activités commerciales et à l'affaiblissement de l'Empire byzantin, qui a permis à d'autres civilisations de récupérer des terres au Moyen-Orient et en Afrique du Nord et dans certaines parties de l'Asie.

[3] « Coronavirus : cinq épidémies qui ont contribué à changer le cours de l'histoire ». URL : https://www.bbc.com/afrique/monde-52076467

« l'expansion du colonialisme européen »[4] en Afrique. Cette expansion a provoqué des catastrophes humaines puisqu'elle a entrainé des maladies portées par les colonisateurs (la variole, la rougeole, la grippe, la peste bubonique, le paludisme, la diphtérie, le typhus et le choléra). Les épidémies ont de même des conséquences sur les flux et les mobilités de populations. La peste bovine africaine qui s'est propagée à la fin du XIXe siècle a touché les animaux et détruit 90% du bétail africain. Outre la perte animale, elle a développé la famine et la fuite des indigènes vers d'autres régions pour échapper à l'épidémie. Ce désastre a encouragé des pays européens à coloniser des territoires africains abandonnés par les autochtones. En fait, l'épidémie a pu profiter aux colons pour accaparer plus facilement les terres. Et suite à la famine qui a affecté le tiers de la population éthiopienne, l'Italie a saisi l'occasion pour envahir au début des années 1890, l'Érythrée[5].

Tout au long de son histoire, la Tunisie a connu la propagation d'épidémies, en particulier la peste et le choléra, qui ont ravagé le pays et ont provoqué de terribles pertes humaines. Ces deux épidémies y ont été les plus dévastatrices depuis deux siècles.

L'ampleur de l'épidémie de la peste pendant 17 mois en 1784 et 1785, a coûté la vie à un tiers de la population tunisienne. En 1785, la peste s'est propagée dans le nord-ouest et la capitale, qui a enregistré un taux de mortalité entre 200 et 250 cas par jour en janvier et février 1785. L'épidémie a continué de balayer le pays au printemps de la même année pour atteindre en moyenne 500 décès par jour. De retour au pays, entre 1818 et 1820, la peste a coûté la vie à 30 000 personnes à Tunis, soit près d'un quart de la population de la ville. Cela a été considéré à

[4] Ibid.
[5] Ibid.

l'époque, comme l'une des plus grandes catastrophes humaines de l'histoire de la Tunisie. Par la suite, à la fin de 1849, le choléra s'est propagé dans la région de Beja (Nord-Ouest), et a causé des centaines de morts dans la ville, les gens ont fui vers la campagne pour échapper à l'épidémie qui a fait encore des victimes en 1850 à Tunis, où les décès étaient estimés à une centaine par jour. Pendant cette période, le Bey a dû s'isoler à Carthage puis au Palais de Mohamedia, et des groupes de la communauté juive se sont enfuis en Algérie et en France. L'épidémie s'est poursuivie jusqu'au printemps puis au début de l'été pour se terminer en août 1850.

2. Le Coronavirus, un phénomène social

De nombreux sociologues mettent en garde contre un coronavirus qui pourrait mettre un bémol aux affections et aux échanges entre habitants dans les années à venir. Les mesures pour empêcher la propagation du virus, y compris l'interdiction des contacts physiques, pourraient changer le comportement humain. Une sensibilisation accrue à l'infection après une épidémie pourrait construire une nouvelle génération dite « Covid-19 » refusant la salutation physique ou pratiquant la distanciation sociale à l'excès. Les experts expliquent que l'interaction sociale de la poignée de main peut être remplacée par un message d'accueil à distance. Les préoccupations concernant l'entretien des surfaces désinfectantes peuvent conduire à un comportement de nettoyage compulsif des mains et à des ventes persistantes de désinfectants. Dorénavant plus ces procédures dureront, plus elles engendreront des habitudes difficiles à éliminer. Si cela continue, des changements à long terme peuvent augmenter l'hygiène obsessionnelle. Et tout cela avec des résultats irréversibles.

L'effet du coronavirus sur la composition psychologique d'une personne, se manifeste par des contacts devenus beaucoup plus virtuels. Il est clair que le manque de contact physique peut avoir des effets émotionnels pour les personnes. Les gens sont obligés de travailler à distance et de communiquer via des chats vidéo, appels téléphoniques, utilisation de Skype et organisation de réunions d'affaires virtuelles. Une utilisation accrue de la technologie peut avoir des effets à long terme sur les relations sociales, la sociabilité, la communication de masse, et les échanges.

Des solidarités aux changements de comportements dans la société

De nombreux pays malgré leurs divergences politiques, se sont engagés dans une démarche de coopération pour empêcher la propagation de l'épidémie. Nous voyons dans cette épreuve une solidarité qui unit des groupes d'individus dans tous les pays du monde. Toutes les personnes sont égales devant le Coronavirus, loin de tout compte politique. La gestion correcte de l'épidémie ne devrait être que collective et d'un point de vue humanitaire, car ce danger ne menace pas une personne ou une autre et aucune nation sans une autre. En ce sens, cette crise a permis de renouer des liens sociaux. Par exemple de nombreuses initiatives sont apparues en faveur des personnes âgées démunies : un grand nombre de jeunes (filles et garçons) se sont engagés pour la livraison à domicile de nourriture et de médicaments, avec notamment la contribution des organisations caritatives. L'on a vu des relations familiales se renforcer par le confinement des jeunes au domicile de leurs parents, des parents (soignants notamment) contraints de s'isoler le soir au retour du travail, pour protéger leurs jeunes enfants ou leurs ainés plus vulnérables. L'on a vu la créativité des jeunes et des artistes producteurs de concerts ou de musiques à la maison ou sur Internet, l'on a vu aussi le changement des pratiques sportives recréées en appartement, moins de voitures circulant et une nature reprenant ses droits sur la ville. L'on a vu de même une diminution du stress et de la pression quotidienne au travail, pour apprendre à réorganiser sa vie entre télétravail et famille, exercer son métier sur les plates formes professionnelles, puis des individus se lançant dans l'apprentissage des langues étrangères.

Selon les études de comportement sociétal, la propagation des épidémies provoque des changements sous l'influence de l'anxiété, de la peur de la mort massive et des souffrances qu'endurent de nombreuses personnes avec un faible pouvoir d'achat dû au chômage, à la pauvreté et au manque de médicaments. Il faut savoir aussi que la quarantaine imposée a fait resurgir le développement des violences conjugales dues à la proximité familiale et au confinement dans les foyers. Imposée par la plupart des pays du monde, elle a montré les disparités entre les pays pauvres et les pays riches. En l'absence d'aide gouvernementale dans certains pays comme la Tunisie, l'Égypte, le Maroc, le Yémen et l'Irak, à l'exception de l'aide humanitaire des institutions caritatives, les gens cherchent à travailler pour nourrir leurs enfants sans se soucier de la gravité de l'épidémie.

De leur côté, Frank Snowden dans *Epidemics and Society*[6] et Stephen Taylor dans *The Psychology of Epidemics*[7], expliquent comment les épidémies infectieuses ont pu façonner la société, tant dans les domaines médicaux et sanitaires, que culturels, artistiques et religieux. De même le neuropsychiatre Boris Cyrulnik rappelait dans une interview accordée à Ali Rebeihi dans l'émission *Grand bien*, le 16 mars 2020 que « à chaque épidémie, ou catastrophe

---

[6]-Frank M. Snowden, *Epidemics and Society: From the Black Death to the Present*, Yale University Press, 2019.
URL : https://yalebooks.yale.edu/book/9780300192216/epidemics-and-society

[7] Stephen Taylor, *The Psychology of Pandemics: Preparing for the Next Global Outbreak of Infectious Disease*, Cambridge Scholars Publishing, 2019.

naturelle, il y a eu changement culturel », et c'est ainsi que « nos sociétés peuvent résister à cette crise et devenir résilientes ». Et il poursuit en montrant le changement des valeurs européennes au moment des épidémies, entrainant le passage à une société découvrant les arts de la maison et le travail rémunéré : « Après le trauma, on est obligé de découvrir de nouvelles règles, de nouvelles manières de vivre ensemble. Au Moyen-âge, on n'avait pas compris qu'il fallait mettre en place le confinement : les gens infectés fuyaient emportant avec eux le bacille. Et en Europe, deux ans après l'épidémie de peste de 1348, un Européen sur deux avait disparu. Quand l'épidémie s'est arrêtée, les valeurs sociales avaient complètement changé. On avait découvert les arts de la maison. Auparavant l'art était essentiellement religieux. On a vu apparaître le gibier et les fruits peints délicatement, les tapis sous les tables. Et surtout, on a vu que les rapports de production avaient complètement changé : avant l'épidémie, la plupart des hommes, étaient considérés comme des serfs et étaient vendus avec la terre. Après, il y avait eu tellement de morts que les survivants qui acceptaient de travailler, n'étaient plus des serfs : on a dû les payer pour qu'ils veuillent bien travailler. Les rapports de production et la hiérarchie des valeurs avaient été complètement transformés » [8].

Pour sa part, le sociologue français Alain Touraine a développé le concept d'une société post-industrielle et travaillé sur les mouvements sociaux, qu'il appelle en France la deuxième gauche avec un caractère social, démocratique et anti-tyrannique. Selon lui, du fait de la crise de propagation de l'épidémie de Covid 19, « c'est peut-être le même sentiment qui a prévalu lors de la crise économique

---

[8] « Boris Cyrulnik : Après le coronavirus, il y aura des changements profonds, c'est la règle », publié par France Inter, le 16 mars 2020.
URL : https://www.franceinter.fr/vie-quotidienne/boris-cyrulnik-apres-le-coronavirus-il-y-aura-des-changements-profonds-c-est-la-regle

de l'année 1929 quand tout a disparu, et qu'il n'y avait aucun acteur sur la scène, ni à gauche ni au sein des gouvernements, mais Hitler a rapidement comblé le vide ». Touraine explique que ce vide de l'époque est similaire à celui causé par le Coronavirus depuis sa propagation dans le monde. Il constate une absence. « Ce qui me surprend aujourd'hui, en tant que sociologue ou historien contemporain, c'est que je n'ai pas ressenti depuis si longtemps un vide qui a prévalu en 1929 comme aujourd'hui. En fait, il y a l'absence d'acteurs, l'absence de sens, l'absence d'idées, et même d'intérêt. Nous n'avons pas de frontières. Le temps est un remède ou un vaccin. Nous n'avons pas d'armes. Nos mains sont vides. Nous sommes enfermés et isolés. Abandonnés. Nous ne devons pas nous contacter et surtout nous devons nous engager à la maison ». « Nous sommes dans le vide. Nous ne parlons pas et nous ne devons pas agir, mais plus que cela, nous ne comprenons pas ce qui se passe »[9]. Alain Touraine a estimé que la pandémie de Corona sera suivie de catastrophes écologiques majeures au cours des dix prochaines années, et conduira à un choc économique pouvant produire des réactions politiques qu'il a classées comme fascistes. Ce vide peut selon lui avoir d'énormes effets sur la stabilité sociale et politique et sur l'économie mondiale, ou provoquer l'effondrement des sociétés et des nations entières. Il peut gravement préluder à une montée des dictatures au sein des régimes dits démocratiques.

La gestion de la crise par les autorités tunisiennes

De nouvelles pratiques se sont déployées au cours de la période de confinement afin de faciliter la vie pour les personnes les plus vulnérables et afin de rétablir des liens

---

[9] « Cette crise du Covid-19 va pousser les soignants vers le haut », Alain Touraine, sociologue au journal « El País », 7 avril 2020
URL : http://www.espaces-latinos.org/archives/90174

aussi bien avec nos proches que dans le cadre du télétravail. Cependant, le télétravail se trouve plus adapté à certains pays que d'autres. Bien que la technologie numérique ait apporté en Tunisie d'importants changements professionnels, des pénuries persistent.

De son côté le gouvernement tunisien a souhaité soutenir une réorganisation du travail à partir de plateformes numériques en entreprises ou à l'université. Toutefois même si l'enseignement supérieur s'est distingué depuis quelques années par l'apprentissage à distance, la question est de savoir si tout le monde (étudiants et enseignants) peut s'adapter à ce système. Les étudiants sont-ils en mesure de suivre les cours à distance ? Disposent-ils des moyens logistiques nécessaires (ordinateurs et connexion internet) ?

Il faut voir aussi que l'enseignement à distance, méthode éducative nouvellement établie, repose entre autres sur la fourniture d'un programme éducatif spécifique qui remet en question les conditions d'enseignement traditionnel des universités. L'idée de l'enseignement à distance est apparue à la fin des années 1970 dans les universités américaines et européennes. Cette méthode consistait à envoyer des enregistrements et des programmes d'enseignement à tous les étudiants par courrier, afin de fournir une explication complète sur le contenu des matières programmées dans leur cursus universitaire. Les étudiants fusionnaient les deux méthodes d'apprentissage et suivaient toutes les instructions assignées. Les examens se faisaient alors sur le campus universitaire en fin d'année.

Parmi les inconvénients de l'enseignement à distance, on notera d'abord le fait de travailler pendant de longues heures prolongées et continues, ce qui interfère avec la vie personnelle et rend la personne vulnérable au stress mental et physique. On signalera de même, le coût élevé du matériel et de la formation nécessaires à ce type d'enseignement. De plus les opportunités de cette méthode en matière d'emploi, de productivité et d'égalité des chances, ne sont pas toujours bien comprises dans les ministères et notamment dans les pays arabes. Néanmoins, l'enseignement à distance joue un rôle majeur dans l'amélioration des normes culturelles, scientifiques et sociales des individus. Il permet de combler la pénurie des enseignants qualifiés dans divers domaines, et facilite l'accès aux ressources pédagogiques aussi bien pour les enseignants que les étudiants et les élèves. Il fournit à ce titre un soutien thématique et logistique complet et innovant aux institutions de formation et aux techniques d'enseignement, et diminue le recours à des intermédiaires.

La crise en Tunisie a suscité de nombreuses défaillances d'ordre public et financier, et considérablement exacerbé le secteur médical. Malgré le professionnalisme du personnel en place, on peut dire que le manque de matériel et la fragilité des effectifs de son cadre médical, constituent un enjeu crucial. Celui-ci s'est trouvé exacerbé par l'émigration d'un grand nombre de médecins tunisiens ces dernières années, ainsi que par la politique de cessation des détachements de la fonction publique dans le cadre de l'engagement des gouvernements successifs à mettre en œuvre une politique d'austérité contenue dans les conditions dictées par le Fonds monétaire international lors de la prolongation du prêt prolongé en 2016. A cela se rajoute une crise budgétaire dans le secteur de la santé, qui a vu sa part des dépenses publiques totales en baisse ces dernières années. Il est vrai que beaucoup moins de cas qu'en Europe et en Chine ont été proportionnellement enregistrés en Tunisie au cours du printemps 2020. Mais le taux d'infections confirmées a largement augmenté par la suite, et la Tunisie pourrait faire face à une catastrophe incapable à combattre en raison de la fragilité de son système de santé. Les hôpitaux publics souffrent d'un manque d'équipements de base et de spécialités, ainsi que d'un manque de fournitures adéquates (médicaments, équipements et appareils de santé, masques de protection, respirateurs, etc.). A noter seulement 300 lits de réanimation à la disposition des malades, chiffre très faible pour faire face à la pandémie.

Ce système sanitaire est sur le point de s'effondrer malgré les efforts de l'État et de la société civile. En ce sens plusieurs controverses se sont élevées quant à la véracité des chiffres donnés officiellement, sans réponse à ce jour, sur la gestion de la pandémie (stérilisation, assainissement des lieux publics, propreté des espaces communs, observation du comportement des citoyens, exhortation à respecter l'isolement social en plus de l'application stricte de la quarantaine). A ce titre et face à ce manque d'informations, les rumeurs et les Fakenews ont explosé. Entre autres contre-annonces sur les chiffres et évènements supposés mais incitant à l'esprit de critique et d'analyse, les réseaux numériques ont lancé une multitude d'informations selon lesquelles un chercheur tunisien travaillant en Allemagne aurait découvert un vaccin contre le virus corona, le Dr Radwan Kamoun. Certains sites ont même évoqué d'hypothétiques contacts entre ce médecin et les présidents tunisien puis américain ! De fait certains scientifiques tunisiens résidants en Allemagne, ont remis en question l'authenticité du message et des informations circulantes, considérant que le Dr Radwan Kamoun est une personne réelle et semble réussir dans son domaine de travail, mais il est possible que son nom ait été « utilisé dans une fraude ». Des informations similaires ont circulé à propos d'un certain professeur photochimiste Mahmoud Abdelkader Benzarti assassiné le 3 avril 2020 en Allemagne, qui aurait été sur le point de conclure la découverte du vaccin contre le coronavirus.

Dès mars 2020, le gouvernement tunisien a pris les mêmes mesures restrictives appliquées en Chine et en Europe, proactives et médiatisées, afin de limiter la propagation de l'épidémie. Cette première gestion de l'épidémie a été relativement raisonnable et rapide. Immédiatement après l'annonce du premier patient avec un résultat d'examen positif début mars 2020, les autorités des aéroports et des ports ont commencé à effectuer des mesures de température pour les voyageurs arrivant dans le pays, et à imposer une quarantaine à ceux en provenance de l'Union européenne. Puis le gouvernement a durci ses mesures de précaution à une vitesse remarquable et, au cours des deux semaines suivantes, a imposé de nouvelles restrictions pour arrêter le travail dans le pays. Un confinement à domicile a été instauré depuis le 22 mars avec un couvre-feu nocturne dans tout le pays de 18h à 06h. La vie publique a cessé après la fermeture des écoles, des universités, des cafés, des restaurants des mosquées, de certaines industries, l'arrêt des transports publics, la limitation des déplacements entre et à l'intérieur des villes. Ont échappé à ces mesures les établissements liés à la santé, à l'énergie, aux communications et à la production de denrées alimentaires et de produits de nettoyage. Toutefois, par quels moyens les autorités ont réagi aux transgresseurs au confinement ?

Des décisions strictes ont été prises contre la violation de la quarantaine obligatoire par certains citoyens. Le gouvernement a tenu une réunion ministérielle le 13 avril, au cours de laquelle il a publié une déclaration contenant un ensemble de mesures visant à limiter la propagation du coronavirus dans le pays. Il a été décidé d'élaborer un programme national pour préserver la santé globale sur l'ensemble du territoire du pays. En imposant une quarantaine globale, l'État a traité la situation épidémiologique générale, et a imposé des dispositions sévères à l'égard des contrevenants aux règles du couvre-feu et de la quarantaine. Ces mesures ont pu avoir des effets contreproductifs dans la mesure où elles ont incité des centaines de citoyens à se tenir devant les bureaux de poste, en particulier les retraités, les familles nécessiteuses et les pauvres, en plus du grand nombre de personnes devant les magasins d'alimentation, ce qui était susceptible de favoriser la contagion.

L'État tunisien s'est appuyé pour l'application de la quarantaine globale et du couvre-feu sur l'article 50 de 1978 concernant la réglementation de l'état d'urgence, qui confère au ministre de l'Intérieur (dans ses chapitres 4-5-6) des pouvoirs exceptionnels qui incluent l'interdiction de la circulation des personnes et des véhicules sans autorisation légale préalable, la prévention des rassemblements, la fermeture des magasins, des cafés, des mosquées. Toutefois la punition des contrevenants à la quarantaine est régie par la loi n° 92 de 1992 au chapitre 18, qui stipule que « quiconque conduit délibérément son comportement sera puni de l'emprisonnement. Quiconque quitte l'hôpital où il a été admis est obligé, même pour une courte période, d'appliquer le chapitre 19 de la loi ». Dans les deux cas, la peine est infligée dans une prison hospitalière. De même un décret a été émis, permettant d'imposer une sanction financière de 50 dinars au cas où les mesures de quarantaine ne seraient pas respectées. Néanmoins des abus de pouvoir inacceptables ont été commis au cours de cette période. Certains citoyens ont été harcelés alors qu'ils devaient travailler dans des secteurs autorisés par la loi en période de confinement. Les réseaux numériques ont cité à ce titre l'agression policière physique d'un jeune livreur à domicile qui, suite à son dépôt de plainte, s'est retrouvé lui-même l'objet d'un rapport policier l'accusant de publier de fausses nouvelles qui touchent à l'ordre public. Même la collecte de dons au profit de familles démunies par de jeunes volontaires dans les différentes régions du pays n'a pas été épargnée par le harcèlement des agents de sécurité. Le cas le plus remarquable est celui de l'arrestation du chef de l'organisation I Wake Up, Achraf

Awadi recueillant des dons de médicaments pour l'hôpital de Djerba, arrêté au centre de détention de Bouchoucha pour violation du couvre-feu alors qu'il soutenait l'effort national de prévention de la pandémie. La suspicion policière se pratique aussi lors de la demande des permissions pour des photographies dans des endroits non requis pour la délivrance de licences. On citera de même ce fait du quartier de La Goulette où les forces de sécurité ont arrêté le jeune étudiant, Mohamed Amin Saadou après qu'il ait posté un clip vidéo sur Facebook, dans lequel il évoquait l'inutilité du matériel de stérilisation utilisé par la commune de La Goulette. L'arrêt du blogueur pendant deux jours à Bouchoucha l'a rendu vulnérable à la transmission de l'infection, d'autant plus que le centre de détention ne répond pas aux exigences minimales de sécurité et de dignité humaine.

3. Crise économique et spéculations en période de confinement, de l'Algérie au Maroc et à la Tunisie

Les fraudeurs à divers niveaux cherchent souvent à exploiter les crises pour s'enrichir par la spéculation, les marchés noirs, la fraude et les rumeurs. Suite au confinement imposé, l'épidémie n'a pas fait exception dans certains pays, incitant les autorités à prendre des mesures pour faire face à ceux qu'ils ont comparés à des « criminels de guerre ».

En Algérie, au cours du mois d'avril, 44 millions d'Algériens ont été confrontés à une grave pénurie de semoule (farine de blé) après des achats massifs de cet aliment de base provoqués par une rumeur d'épuisement des stocks, largement transmise par les Facebookers. Le Président algérien Abdelmajid Tebboune a tenté de rassurer les citoyens en leur disant que le stock de semoule était suffisant pour répondre à la demande pendant quatre ou cinq mois, et il a appelé à dénoncer les monopoleurs. Cela n'a pourtant pas allégé la pression sur les points de vente des moulins, où la foule se rassemblait quotidiennement pour obtenir un sac de semoule au prix subventionné. Ce qui a incité le ministère du Commerce, en raison des risques de transmission du virus, à annoncer l'interdiction de ces rassemblements.

Entre le 22 mars et le 1er avril, la gendarmerie nationale et la police algérienne ont arrêté plus de 2 500 personnes qui stockaient des produits alimentaires et pharmaceutiques de base à des fins de monopole et de spéculation. Au cours de cette période, plus de cinq mille tonnes de nourriture ont été saisies et environ 219 000 articles pharmaceutiques. Dans ce pays du Maghreb au départ le plus touché par l'épidémie, Internet est devenu le moyen de transmettre des informations trompeuses qui entretiennent la confusion et la propagation de rumeurs sur la fermeture imminente des stations-service, provoquées par les embouteillages et la congestion dans la plupart des villes algériennes, alors que la procédure ne concernait que la ville de Blida, près d'Alger, et premier épicentre de l'épidémie. Ces auteurs de rumeurs ont été arrêtés par les « enquêteurs en ligne » de la gendarmerie algérienne. D'autres personnes ont lancé des alertes. Telle cette Oranaise qui a publié un clip vidéo dénonçant des citoyens en quarantaine dans un complexe touristique de la région, après leur retour de l'étranger, pour s'être soustraits à leur période de confinement en utilisant leurs influences. Ou encore le directeur et rédacteur en chef du journal « The Other Voice », qui avait publié un article sur de probables erreurs lors des examens médicaux pour détecter les personnes souffrant du virus Corona.

Malheureusement, comme c'est le cas au Maroc et en Tunisie, la mort se compte par milliers en Algérie. Il semblerait que celle-ci ait amorcé une crise économique, en raison des dommages causés par le virus. Avec des prix du pétrole ayant chuté en dessous de la barre des 30 dollars, le budget algérien, généralement basé sur le prix d'un baril supérieur à 50 dollars, ne pourra pas absorber la baisse des revenus étant donné que la crise se poursuit jusqu'à ce jour. Les pertes de l'Algérie ont été évaluées, selon des estimations non officielles, à environ un milliard de dollars par mois (pendant la période du 1er février au 30 mars 2020), en raison de la baisse du prix du baril. Il faut savoir en effet que l'Algérie dépend, dans ses revenus tirés des devises fortes, à 98% de ses exportations de pétrole et de gaz, à 50% de la fiscalité pétrolière, et 70% des salaires sont payés sur la base de ces revenus. L'Algérie traite davantage avec l'Union européenne, et en particulier avec l'Italie et l'Espagne (liaison par gazoducs), qui sont en cette première période les plus touchées par la crise du virus Corona, et en risque d'interruption ou de cessation de paiements.

De même si la crise continue, la taxe sur le pétrole qui était attendue à 2800 milliards de dinars algériens sera réduite de moitié, ce qui signifie un déficit supplémentaire de 1400 milliards de dinars en plus du déficit initial prévu de 1500 milliards de dinars : déficit qui va doubler pour atteindre la valeur de 2800 milliards de dinars algériens.

Le gouvernement algérien devrait par la suite entrer dans un choix entre deux options, soit recourir à un financement non conventionnel en imprimant de l'argent, une mesure que l'avant-dernier gouvernement avait prise précédemment et qui a suscité de nombreuses critiques, soit s'appuyer sur des financements extérieurs par des emprunts qui restent de sa part, une ligne rouge que l'Algérie rejette.

En ce qui concerne le Maroc[10], le 19 mars 2020, le gouvernement marocain a déclaré l'état d'urgence sani-

[10] Le Maroc est un pays en développement, avec une économie dédiée au marché, avec une forte présence des pouvoirs publics dans l'investissement et l'orientation des politiques économiques. Le Maroc est la cinquième puissance économique d'Afrique, après l'Égypte, le Nigéria, l'Algérie et

taire, et a restreint les déplacements dans le pays, après avoir précédemment décidé de suspendre tous les vols. Vendredi 17 avril au soir, le nombre total de victimes du virus Corona au Maroc est passé à 135 décès et 2 150 cas, après le premier cas enregistré le 2 mars.

Depuis le début de l'enregistrement des cas de coronavirus au Maroc, l'Union générale des marchés marocains (le plus grand rassemblement d'entreprises du pays appelé « Al Batrona »), a proposé un ensemble de mesures pour atténuer l'impact négatif de la propagation du virus sur l'économie locale. Dans ce même temps le 17 mars, le gouvernement a décidé de créer un fonds financier d'un milliard de dollars, pour « couvrir les dépenses liées à la réhabilitation des mécanismes et moyens de santé », ainsi que pour suivre le rythme des secteurs les plus touchés comme le tourisme.

De son côté la spéculation a commencé sur les produits en forte demande pendant la période de quarantaine. Les spéculateurs se sont précipités pour acheter tous les masques même ceux utilisés en protection dans les chantiers ! et les prix des solutions alcoolisées ont augmenté. Dans la ville de Fès (au nord), la police a arrêté quatre personnes soupçonnées de diriger un « atelier secret » dans un garage pour la fabrication et la commercialisation de désinfectants. Dans un autre cas, des personnes ont plagié le statut des agents de l'État participant à des campagnes de sensibilisation à la santé à Salé, près de Rabat, et commis un certain nombre de vols. Dans le même contexte, le Programme des Nations Unies pour le développement à Rabat a mis en garde à la fin du mois de mars 2020, certaines personnes de la région qui prétendent faire partie du personnel du PNUD et mènent des activités frauduleuses.

---

l'Afrique du Sud, avec un PIB estimé à 104 milliards de dollars (235,14 milliards compte tenu de la parité des pouvoirs d'achat), soit en moyenne 3108 dollars par personne.

Sur le plan économique, le tourisme marocain est un des secteurs les plus touchés par la pandémie. La majorité des activités touristiques ont été annulées, et les vols à destination ou en provenance du Maroc suspendus, avec des retombées fortes sur les entreprises. Le royaume perd déjà 6 millions de touristes les premiers mois de cette année 2020, une grande perte de devises pour ce secteur qui s'appuie sur l'Europe.

Le secteur du tourisme au Maroc fournit 750 000 emplois, et il représente 7% du produit intérieur brut. Il avait réalisé des revenus de 78,6 milliards de dirhams (8,25 milliards de dollars) en 2019, en hausse de 7,7% par rapport à 2018.

En Tunisie également, les autorités ont resserré le contrôle des spéculateurs et des monopoles. À la fin du mois de mars, les douanes ont saisi des gants, des combinaisons et des masques chirurgicaux périmés pour une valeur de 500 000 dinars tunisiens (158 000 euros) dans le port de Radès, près de la capitale, dans l'entrepôt d'un homme d'affaires arrêté. Le Président de la république a appelé à suivre en justice des spéculateurs qu'il a qualifiés de « criminels de guerre » après avoir épuisé les stocks de farine et de semoule dans certaines régions. Toujours en Tunisie, un fonctionnaire de l'État, qui travaille avec le gouvernorat du Kef (nord-ouest) a été arrêté dans la ville du Kef, après avoir été dénoncé par la Commission nationale anti-corruption, qui a accusé de nombreux employés d'être impliqués dans la vente sur les marchés noirs.

Il n'est un secret pour personne que de l'argent en contrebande de milliards de dollars circule en provenance et à destination de la Libye et de l'Algérie, en particulier avec la frontière algérienne. Il n'est un secret pour personne que des changes de devises au noir se font sur le marché des changes dans la capitale de Tunis et notamment à « Bab Bahr » près des souks de Tunis, personne ne vérifie si ces taux de change sont conformes aux taux officiels et personne n'est tenu d'en montrer la provenance. Ces opérations se font sous les regards des agents de sécurité, et il n'est non plus un secret pour personne que les commerçants en devises et blanchiment d'argent spéculent à travers la frontière sans passer par le bureau tunisien. Ces spéculateurs ont des alliés, voire des « milices » qui monopolisent le marché noir dans tous les départements du gouvernorat ainsi qu'au ministère de l'Intérieur et au ministère des Finances.

La demande de devises étrangères est croissante en Tunisie en raison de l'inflation et de la crise politique. L'achat de l'euro pour se couvrir est devenu l'une des crises qui a frappé le dinar tunisien. Ces pratiques de corruption ont même été évoquées par le Président de la république dans un de ses discours au Conseil de la sureté nationale, du 1er avril, précisant qu' « en 2012, le Trésor public tunisien a été pillé de 10 000 à 13.500 mille milliards de dinars ». Il s'est par la suite rendu en Algérie pour emprunter 150 millions de dollars, afin de les déposer à la Banque centrale de Tunisie.

Aujourd'hui en Tunisie, et en dépit d'une baisse de moitié et très favorable des prix du pétrole, la crise, marquée par une forte dépendance vis-à-vis des économies européennes, affecte les différents secteurs de l'économie nationale : prévisions de diminution de 21% au secteur du tourisme, 30% secteur aérien et 50 % secteur du transport maritime. Notons à ce titre que la France, l'Allemagne et l'Italie représentent le principal marché du tourisme tunisien. Notons aussi que les exportations tunisiennes ont fortement chuté vers la zone euro.

En ce qui concerne l'aide financière apportée par l'occident aux pays du sud de la méditerranée pour contrôler l'épidémie, il semblerait que l'Algérie n'en n'ait pas bénéficié, et que deux versements aient été opérés au printemps 2020, en Tunisie et au Maroc, le premier de 300 millions d'euros (968 416 560 dinars) et le second de 150 millions d'euros (484 208 280 dinars) par le Fonds européen anti-prolifération du Corona. Dans ce même temps, l'ambassadeur de l'Union européenne en Tunisie, Patrice Bergamini, a déclaré que l'UE continuera à soutenir le programme « Aziz » de réhabilitation des services de santé en doublant l'aide allouée de 20 millions d'euros au bénéfice de 13 régions, soit 60 millions d'euros pour l'ensemble des gouvernorats tunisiens. Il est certain que cette aide financière n'atteindra pas toutes les régions tunisiennes, et qu'une grande partie des sommes allouées seront utilisées à d'autres fins et dans des visées spéculatives.

4. Des finances et une économie sous dépendance internationale

Depuis l'ère de la Troïka, le taux d'inflation a rapidement augmenté en Tunisie, après avoir atteint 7,8% en juin 2020, il s'est élevé en fin d'année à 8,4%, alors que les prix continuent de croitre et que le taux de change de la monnaie locale diminue, ce qui affectera le pouvoir d'achat des tunisiens. On note en ce sens une forte marginalisation de la question financière par les différents acteurs de l'État, qui se traduit par des absences de stratégie ou l'ambiguïté des solutions préconisées. A cela se rajoutent une augmentation sans précédent des dépenses publiques et peu d'attention accordée à l'investissement et à l'exportation. Dans ce cadre problématique, le gouvernement tunisien n'a toujours pas pris des mesures efficaces pour consolider son budget, notamment pour augmenter les recettes fiscales de certains contribuables jusqu'à présent épargnés, et pour freiner les augmentations de salaires.

Pour sa part le système bancaire tunisien s'est soumis à la libéralisation économique au fil des ans. Depuis plusieurs années, la finance islamique venue du proche et moyen orient y connait un grand essor. « La finance islamique constitue désormais un élément important des programmes de développement des pays du Moyen-Orient et d'Afrique du Nord (MENA), et elle est également en train de gagner du terrain dans le paysage financier de la région. Il s'agit d'une activité en plein essor, qui répond aux besoins financiers des particuliers dans le respect de leurs valeurs sociales et religieuses »[11]. Prenons l'exemple de la banque islamique Zitouna, saisie par Sakhr Matri, gendre de l'ancien président de la république tunisienne Ben Ali, qui détenait 87 % de son capital. Cette banque a été sous la tutelle du réseau d'affaires des Rotschild mais a été confisquée par l'Etat après la chute de l'ancien président. Celui-ci avait pour ambition de faire de la Tunisie le centre financier de l'Afrique du Nord et d'en améliorer les services islamiques.

En fait, le système bancaire, quel qu'il soit ne sert pas les intérêts des particuliers. Il favorise plutôt les avantages des banquiers et des bailleurs de fonds. Le système bancaire international aujourd'hui, en dépit des intentions affichées par les programmes de développement (de la Banque mondiale au Fonds monétaire international), pérennise la pauvreté dans le monde, les banques cherchant à accroitre leurs bénéfices par le biais des prêts octroyés. On prendra le cas des institutions de microfinances qui appartiennent aux grandes banques internationales et qui financent les projets des plus pauvres dans le monde. Il a été montré en ce sens que cet accès à la finance de consommation s'inscrit chez les bénéficiaires dans une spirale de petit endettement face à la multiplicité des organismes financeurs (on emprunte à un autre pour pouvoir rembourser les emprunts précédents). Il s'agit ici d'une solidarité affichée par le grand capital, et non de

[11] Salman Syed Ali, «Islamic banking in the Middle-East and North-Africa (MENA) Region », *Islamic Economic Studies,* Vol. 20, n°1, 2012

coopération entre institutions gouvernementales et société civile[12].

La Tunisie ne dispose pas de ses propres produits, autrement dit n'est libre de gérer ses ressources nationales (blé, olives, huile, etc.) qu'avec l'approbation et sous la dépendance de la finance internationale. Par exemple : En 2019, la récolte du blé dur tunisien a apporté 35 millions de quintaux. Une partie de cette récolte, environ 15 mille quintaux, s'est trouvée abandonnée par faiblesse de la commande de l'Etat pour la redistribution nationale, manque de place dans les lieux de stockage, et emportée par la pluie. Ainsi les chiffres officiels montrent, malgré la récolte record de l'été 2019, une forte hausse des importations de céréales depuis l'étranger. La Tunisie a importé à la fin octobre 514 000 tonnes de blé dur pour un cout de 442 millions de dinars tunisiens, 462 000 tonnes d'orge pour 322 millions de dinars et 1081000 tonnes de blé tendre à 734 millions de dinars. De ce fait le blé tunisien, vendu en dollars, est une denrée précieuse et de qualité qui est exportée dans les pays occidentaux. En contrepartie et malgré sa bonne production, la Tunisie importe du blé et de l'orge des USA. En plus de toutes ces importations, la Tunisie a importé 35% de ses besoins en blé meunier et 50% de ses besoins en orge depuis la France.

---

[12] Houda Laroussi, *Micro-crédit et lien social. La solidarité instituée*, Karthala, Paris, 2009 ; Houda Laroussi, *Femmes et développement local en Tunisie. Acteurs et enjeux*, L'Harmattan, Paris, 2018

DEUXIÈME PARTIE

Géo politique du nouvel ordre international

Pour l'Occident et les pays du monde arabe, la révolution qui a pris naissance en Tunisie était inattendue. De nombreux commentateurs y voient aujourd'hui un chaos qui s'éloigne de ses buts premiers. Que s'est-il vraiment passé, quels sont les acteurs en présence et les stratégies internationales, souvent passées sous silence, et que se produit-il depuis ?

1. LES SOULÈVEMENTS ARABES

Les révolutions arabes, ou les révolutions arabes d'hiver, sont d'imposants mouvements, souvent pacifiques, qui ont commencé dans certains pays arabes fin 2010 et début 2011, affectés par la révolution tunisienne qui a éclaté après le « sacrifice » de Mohamed Bouazizi pour protester contre la détérioration de ses conditions de vie et son impossibilité de fournir des moyens de subsistance à sa famille. La révolution a commencé avec des soulèvements populaires sans précédent, s'est propagée dans tout le pays, puis s'est calmée le 14 janvier, lorsque Zine El Abidine Ben Ali s'est envolé pour Djeddah en Arabie saoudite. Le pays était alors en proie à la dictature, à la corruption politique, aux restrictions et injustices sociales, au chômage et à la crise de l'emploi.

Onze jours plus tard, la révolution égyptienne du 25 janvier a éclaté, suivie de la révolution yéménite, et le 11 février, Muhammad Hosni Moubarak annonce sa démission, est emprisonné après avoir tenté de tuer des manifestants lors des émeutes. Après le renversement de ces deux régimes tunisien et égyptien, des manifestations pacifiques ont commencé à appeler à la fin de la corruption et à l'amélioration des conditions de vie, elles se sont par la suite propagées à d'autres régions du monde arabe.

On citera la révolution libyenne du 17 février avec l'assassinat de Mouammar Kadhafi et le renversement de son régime, la révolution yéménite qui a contraint Ali Abdoullah Saleh à démissionner, puis la révolution soudanaise de 2019 qui a renversé l'ancien président Omar El-Béchir. Ces mouvements et d'autres ont entériné le déclenchement des guerres civiles -Lybie, Yémen, Syrie, Irak- ainsi que l'avènement de l'Etat islamique (Irak), et ont atteint toutes les régions du monde arabe. Ces révolutions ont été marquées par l'émergence du slogan apparu pour la première fois en Tunisie et devenu populaire dans tous les pays arabes : « Le peuple veut renverser le régime ».

On a pu noter depuis la modification de la constitution marocaine en 2011, le coup d'État du 3 juillet 2013 qui a chassé le président Mohamed Morsi du pouvoir en Égypte, puis l'abolition de la constitution de 2012 adoptée sous son influence et remplacée en 2014, ainsi que la nouvelle constitution tunisienne de 2014. A noter que cette dernière a entre autres appelé à tenter de mettre fin à la division palestinienne entre le Fatah et le Hamas et de nombreux autres pays.

Pourquoi ces évènements et quelles raisons en sont à l'origine : une forte proportion de citoyens vivant en dessous du seuil de pauvreté, l'ignorance et analphabétisme affectant toute une population, la hausse constante des prix, l'augmentation du chômage, la répression et la tyrannie, la corruption politique des dirigeants, les violations affirmées des droits de l'homme.

Quels objectifs les ont animés : Atteindre une vie décente pour le citoyen ; renverser le système corrompu ; appeler à un dialogue national ; établir un système démocratique.

2. L'EFFONDREMENT DES ÉCHANGES MONDIAUX

Le Fonds monétaire international s'attend cette année 2020 à une récession économique pire que celle que les pays occidentaux ont connue au cours de la crise mondiale de 2008. La mémoire nous ramène au mardi 29 octobre 1929, appelé le mardi noir, après son effondrement précédent il y a 5 jours le jeudi 24 octobre 1929, comme la première étape de la crise économique mondiale des années 1930 du XXe siècle connue sous le nom de Grande Dépression. Cela est dû à une offre incroyablement supérieure à la demande, car près de 19 millions d'actions ont été proposées sur la liste de vente, ce qui a ramené le cours de chacune à son plus bas niveau.

Tous les secteurs économiques ont été touchés par la crise, ainsi que le marché du travail, entrainant un licenciement massif. Selon le journal *Le Monde* du 08 mai 2020, « le taux de chômage aux Etats-Unis n'a jamais été aussi élevé depuis la Grande Dépression. En deux mois, la crise sanitaire et économique a détruit plus de 33 millions d'emplois, faisant passer le taux de chômage à un niveau digne de la crise des années 1930 »[13]. Cette montée du chômage a suscité un licenciement massif suite à la fermeture d'un nombre important de commerces mais aussi à la perte des emplois dans plusieurs secteurs liés à

[13] URL : https://www.lemonde.fr/economie/article/2020/05/08/aux-etats-unis-le-taux-de-chomage-au-plus-haut-depuis-50-ans_6039101_3234.html.

l'hôtellerie, la restauration, les grandes industries, la logistique, etc.

L'organisation internationale du travail a de son côté, tiré la sonnette d'alarme par rapport à l'impact de la crise provoquée par l'épidémie sur le marché du travail. Elle a déclaré que 25 millions d'emplois étaient menacés par la crise et qu'il pourrait y en avoir plus de 40 millions. L'épidémie pourrait « détruire entre 5,3 millions et 24,7 millions d'emplois dans le monde. Ceci par rapport au chiffre de base de 188 millions en 2019. Le scénario pessimiste serait ainsi supérieur au nombre de chômeurs provoqué par la crise de 2008-2009 (22 millions de personnes) »[14].

En cette fin de premier semestre 2020, nous vivons un des grands moments de l'histoire avec l'effondrement des bourses mondiales, du prix du dollar, des devises étrangères et arabes, la faillite confirmée de nombreuses entreprises, les licenciements de milliers de travailleurs, pertes déjà chiffrées de l'ordre de 7,5 billions de dollars. Notons que les 100 personnes les plus riches du monde ont perdu environ 444 milliards de dollars en deux mois seulement. En ce sens, Bill Gates et Bernard Arnault, les plus riches, arrivent en deuxième position, avec une perte de 10 milliards de dollars après Jeff Bezos, fondateur de la société Amazon, dont la richesse a chuté à 11,9 milliards de dollars. De même les bourses du Golfe ont subi des pertes de 76 milliards de dollars et du coup, l'activité industrielle a perdu 30% de ses valeurs.

La dette mondiale ne cesse d'augmenter, et le déficit monétaire américain devrait atteindre 3,8 billions de dollars, ce qui représente 18,7% de la production de l'économie américaine. Dans le monde arabe, la perte a

[14] Tribune, « Coronavirus : la crise pourrait mettre au chômage 25 millions de personnes dans le monde », 18 mars 2020. URL : https://www.latribune.fr/economie/international/coronavirus-la-crise-pourrait-mettre-au-chomage-25-millions-de-personnes-dans-le-monde-842616.html

atteint les 25%, et jusqu'à 27% dans les pays du Golfe. Les déficits en Arabie saoudite se sont élevés à 2 billions, les prix du pétrole ont connu une chute de l'ordre de 20%, et en Tunisie les pertes sont estimées à 60 milliards de dinars dans le secteur de l'hôtellerie. En l'occurrence, les pertes dans le secteur sportif partout dans le monde sont de l'ordre de 40%, environ 4000 milliards de dollars.

En ce qui concerne les marchés mondiaux, en mars 2020, les indices boursiers en Grande-Bretagne et en Allemagne ont chuté d'environ 7%, l'indice général a perdu 5% au Japon et 7% en Australie. Le marché chinois de Shanghai a chuté de 3%, tandis que les marchés arabes ont connu des baisses variables, notamment en Arabie saoudite, où l'indice général a chuté de plus de 9%. De leur côté les principaux indices boursiers américains ont perdu plus de 20% au printemps 2020. Le marché mondial de l'or a lui aussi été affecté mais différemment, notamment dans les pays du Golfe et l'Asie de l'Est. En fait, la relation entre le virus et l'or est directe. Plus l'indice des « victimes » est élevé, plus le prix de l'or est élevé en raison du désir de ceux qui recherchent un refuge de l'acheter auprès d'autres investissements tels que les marchés financiers et pétroliers. En ce sens fin mars 2020 le prix de l'or a enregistré une augmentation coïncidant avec la propagation du Coronavirus, ce qui a incité les investisseurs à acheter des actifs sûrs, tandis que les contrats à terme sur l'or américain ont augmenté de 0,2%. Enfin la « victime n°1 » est le pétrole, dont la Chine constitue le plus grand importateur et consommateur mondial. Par exemple, le jeudi 26 mars 2020, le Brent Crude a chuté à 55,71 $ le baril, tandis que le West Texas Intermediate était à 51,24 $ le baril.

3. LES USA, RÉGULATEURS DE L'ORDRE MONDIAL

La pandémie du corona virus a donné lieu à de multiples interprétations autour de la conjoncture géopolitique internationale. La crise se situe désormais dans un contexte mondialisé et interdépendant, où les stratégies des grandes puissances organisent un nouvel ordre et de nouvelles orientations de conduite du monde. Celles-ci, si on regarde l'histoire, sont passées par nombre de crises productrices d'importants changements à l'échelle internationale. Les guerres menées par les États coloniaux par exemple ont été le moyen de s'approprier et d'exploiter les richesses indigènes.

Une ingérence dans les affaires du monde

Au cours de son discours à l'Académie des sciences du Texas en 2006, l'écologiste Pianka, a déclaré que le virus Ebola serait une « solution au problème de surpopulation ». Il rajoute que « l'humanité doit être ramenée à 500 millions d'habitants »[15], et que cela fait partie du « nouvel ordre économique mondial ». De même Henry Kissinger a déclaré que limiter la population mondiale était un objectif de la sécurité nationale des États-Unis : « vous pouvez contrôler les cinq continents et en contrôlant l'alimentation et l'agriculture, on contrôle la population mondiale »[16]. Dans un discours annoncé de 1979, l'ancien secrétaire américain à la Défense, Robert McNamara, a déclaré que l'augmentation de la population mondiale constituait le plus gros problème et la plus grande catastrophe pour le développement économique et

[15] David Jarry, « Le Dr. Eric Pianka déclarait en 2006 à l'Université du Texas: l'utilisation de Ebola permettrait d'exterminer 90% de la population mondiale », publié le 1octobre 2014, Webmaster.
URL : http://conscience-du-peuple.blogspot.com/2012/01/le-scientifique-dr-eric-r-pianka-defend.html
[16] Henry Kissinger, *L'ordre du monde*, Fayard, Paris, 2016

social du monde : « nous avons donc à partir de ce moment et non demain pour empêcher la population mondiale d'atteindre dix milliards de personnes ». Il évoquait alors les deux méthodes pour y parvenir, soit réduire le taux de natalité, soit augmenter le taux de mortalité. Dans ce dernier cas, outre la famine et la maladie, étaient suggérées les guerres bactériennes ou nucléaires.

On se souviendra ici que le colonisateur déjà affectait à son profit les ressources naturelles des peuples occupés, et que les nombreuses famines ou épidémies décimant les populations ont pu constituer des hausses d'opportunités pour s'implanter. A ce titre on donnera l'exemple de l'implantation britannique en Inde. L'économiste B.M. Bhatia explique dans son livre *Famines in India*[17], qu'après l'avènement du colonialisme britannique, de 1859 à 1914, le pays a commencé à assister à une famine majeure presque tous les deux ans. Au moment où le reste du monde assistait à une augmentation de la population due aux progrès technologiques, la population est restée stable pendant près d'un siècle, car la situation de famine a été le pilier de la stratégie coloniale en Inde. Il semblerait aujourd'hui, que « le nouvel ordre économique mondial » impulsé par les Etats-Unis et basé sur l'appropriation des richesses indigènes, s'organise autour des emprunts accordés aux pays pauvres pour leur maintien en vie lors même qu'ils sont ravagés par les famines et les épidémies. De nos jours le corona virus vient s'inscrire dans un nouvel ordre mondial. Quel vont y être son impact et ses retombées ?

Depuis plus d'un siècle, les Etats-Unis se sont ingérés dans les affaires de nombreux pays du monde, dont le continent sud-américain, directement ou indirectement, et

[17] B.M. Bhatia, *Famines in India : a study in some aspects of the economic history of India, 1860-1945*, Asia Publishing House, 1963.

ont notamment soutenu de nombreux coups d'Etat. La première intervention de Washington en Amérique latine remonte à 1898, lorsque Porto Rico et Cuba, qui étaient sous la domination coloniale espagnole, furent occupés. L'occupation a pris fin en 1902, mais son influence s'est poursuivie pendant des années. Quatre ans plus tard, les États-Unis ont renversé le premier président élu de Cuba, Thomas Estrada Palma, et formé un gouvernement d'occupation qui a dirigé le pays jusqu'en 1909. En 1917, après avoir occupé Haïti, les États-Unis ont réoccupé Cuba et ont commencé progressivement à s'en retirer en 1923. Les États-Unis ont de même voulu contrôler le projet du canal de Panama laissé par les Français et contre la Colombie, ont soutenu les forces séparatistes et le terrorisme panaméen. Ils y ont par la suite conservé leur influence et y ont mené une guerre diplomatique et économique jusqu'en 1989. Ils ont d'autre part occupé jusqu'en 1933 le Nicaragua dont ils ont ensuite ainsi qu'au Honduras soutenu les coups d'Etat pour faciliter le travail des entreprises fruitières américaines dans les pays de la région. Ils ont de même envoyé des forces armées au Mexique pour combattre la révolution Zapatiste. On notera aussi la sanglante guerre du Vietnam débutée en 1955, qui a entraîné la mort de plus de 3 000 000 de civils vietnamiens, et de près de 60 000 soldats américains et de plus de 300 000 blessés.

Enfin, les Etats-Unis se sont distingués dans ce qu'ils ont nommé « la guerre contre le terrorisme » suite aux évènements du 11 septembre 2001. Toutefois de nombreux commentateurs ont signalé de multiples anomalies ou interrogations dans le déroulement des incidents. La première aurait concerné la découverte problématique du passeport de Muhammad Atta, responsable du premier accident d'avion, au milieu des décombres et des cendres de la tour nord. La seconde est relative à l'incendie qui a ravagé les tonnes d'acier des tours, ne pouvant être détruites que par des explosifs internes aux étages inférieurs, dans un contexte où le système de défense antimissile aurait dû détruire l'avion agresseur[18]. D'autres ont trait à des baux de locations et assurances ou ventes d'actions contractés par des milliardaires américains quelques jours ou semaines avant l'attentat. Il s'en suivrait que cet évènement aurait largement justifié les frappes américaines portées contre l'Afghanistan le 9 novembre 2001, et annoncé le début de leurs opérations militaires contre le terrorisme, puis le 20 mars 2003, l'invasion de l'Irak par les forces de la coalition avec 250 000 soldats américains et 45 000 soldats britanniques. On notera à ce propos que cette occupation de l'Irak a tué 655 000 Irakiens, déplaçant des millions d'autres, et a vu le décès de plus de 4421 soldats américains.

Un projet de « base militaire américaine » dans le sud de la Tunisie

D'autres sources d'informations rapportent notamment sur les réseaux numériques que le président tunisien Béji Caid Essebsi a refusé d'établir une base militaire américaine et un bureau de liaison en Tunisie, dans la ville de Rmada, dans le gouvernorat de Médenine, la frontière la plus méridionale de la Tunisie, adjacente au triangle désertique d'où des groupes terroristes, en particulier Al Qaïda, prennent une place forte. Cette implantation aurait été promise par le chef du parti Ennahdha Rached Ghannouchi à Washington en 2012, après avoir remporté les élections de 2011. Cette volonté aurait d'ailleurs été réitérée lors d'une visite du sénateur républicain américain John McCain au chef de l'Etat tunisien le vendredi 6 février 2015, confirmant ce souhait d'établir une base militaire dans le sud de la Tunisie, à la suite de la détérioration de la situation

---

[18] Andreas Von Bülow, *Die CIA und der 11 septembre. Internationaler Terror und die Rolle der Geheimdienste*, Piper Verlag GmbH, Munich, 2003

sécuritaire en Libye. Cette intention faisait écho à la chute du régime de Kadhafi et à l'entrée de milices islamiques armées à Tripoli. Elle avait pour but de lutter contre les groupes terroristes aux frontières de la Lybie et de l'Algérie, en raison des dangers posés par les milices « Fajr Libya »[19] et « Islamic State » sur la stabilité des pays de la région, pour se convertir plus tard au centre de commandement central de la force AFRICOM en Afrique du Nord. Essebsi y voyait un risque d'affecter la souveraineté de l'État tunisien et sa politique étrangère. On peut lire dans cette réaction une attitude similaire prise par Habib Bourguiba, fondateur de l'État tunisien indépendant, lorsqu'il a confié à l'ambassadeur américain en Tunisie, demandant l'établissement d'une base militaire en 1982 : « les eaux méditerranéennes sont larges et profondes. Elles peuvent accueillir la sixième flotte et également une base militaire. Quant à la Tunisie, qui entretient de bonnes relations avec vous, c'est un petit pays, mais elle rejette toute ingérence dans ses affaires intérieures par n'importe quel pays, même s'il s'agit des États-Unis ». Le refus de l'ancien chef d'Etat Caid Essebsi reflète une position générale des politiques et de la société civile tunisienne, qui verrait dans les bases militaires américaines, des « foyers » utilisés par les États-Unis pour avorter toute expérience réussie et étendre leur influence à la région dans le cadre d'un nouveau schéma visant à servir leurs intérêts vitaux. Pour de nombreux tunisiens en effet, les États-Unis avec l'aide d'un généreux financement quatari, auraient joué un rôle majeur en soutenant par leurs relations diplomatiques et leurs supports communicationnels, la montée en puissance du parti Ennahdha en 2011, malgré

[19] « Fajr Libya est une coalition de groupes armés de tendance islamiste pendant la deuxième guerre civile libyenne, dont le noyau est constitué par les milices de la ville de Misrata, avec autour d'elle une grande partie des milices du Sud ». URL : https://fr.wikipedia.org/wiki/Fajr_Libya

la condamnation par les partis démocratiques tunisiens profondément choqués par ce soutien.

John McCain a décrit Rached Ghannouchi comme « le parrain des Frères musulmans ». De même Hammadi Jebali lorsqu'il était à la tête du gouvernement de la Troïka dirigée par Ennahdha avait donné son accord à cette promesse de Rached Ghannouchi en 2012.

Cette harmonisation dans les relations entre les deux responsables tuniso-américains a été décrite par les diplomates arabes et étrangers en 2012 comme la « lune de miel » entre Ennahdha et Washington, où le chef du gouvernement Hammadi Jebali, s'est rendu à Washington en mai suite à l'invitation du Congrès, et où il a rencontré les plus hauts responsables de la Maison Blanche et des décideurs tels que John McCain et Joe Lieberman, ainsi que le secrétaire d'État John Kerry. Au cours de l'année 2012, les mêmes sources rapportent que des forces marines ont travaillé aux côtés de soldats tunisiens pendant des mois, et supervisé la préparation d'une « base militaire américano-tunisienne » au sud tunisien. C'est à ce moment-là que les médias américains, suivis en ce sens par des homologues européens, voire par certains diplomates français ont mené une forte campagne de promotion de l'image du mouvement Ennahdha comme représentant l'islam politique modéré, tandis que Rached Ghannouchi a rassuré les Américains qu'il était contre l'application de la charia et pour un système d'État civil.

4. DE L'EUROPE À LA CHINE

La crise remodèle la structure du pouvoir mondial. La gestion du virus continuera à exercer une pression sur les activités économiques et à accroître les tensions entre les pays et à l'intérieur d'eux-mêmes, au profit de celui qui aura pu à ce jour la résoudre.

La guerre contre le Coronavirus, comme l'a mentionné le président français Macron, est la guerre de tous les Etats contre un seul ennemi. Aujourd'hui, la gestion de la crise du Coronavirus a bien montré l'échec des États-Unis et de l'Occident en général à diriger le monde comme avant. L'équilibre des pouvoirs dans le système mondial est en train de subir un changement radical. En dehors de l'OMS, on assiste à l'échec des institutions internationales à jouer un rôle déterminant dans la coordination entre les différents partenaires pour gérer voire réduire la crise. Cette dernière pourrait susciter à terme la désintégration de l'Union européenne. De son côté l'Union européenne traverse l'une des plus fortes crises de son existence, avec la fermeture exceptionnelle de ses frontières comme elles l'ont été pendant les années de la guerre froide et avant l'effondrement du mur de Berlin. Cette pandémie a en effet montré que la plupart des gouvernements de l'UE ont procédé à une lutte en fonction de leurs propres moyens. Chaque gouvernement a opté pour un protectionnisme en autarcie et en autosuffisance, qui a permis de couvrir à la fois son hostilité à l'immigration et sa baisse d'intérêt pour les questions du développement durable et du changement climatique. Le gouvernement italien, en situation financière instable avant la crise, a demandé en vain l'aide des pays de l'Union européenne. C'est finalement la Chine qui a offert ses services aux pays touchés par l'épidémie (envoi de médecins chinois et des masques), non seulement à l'Italie mais aussi et entre autres à l'Espagne, la Serbie, l'Algérie, le Maroc, la Tunisie, la Corée du Sud. Les avions chinois ont atterri au cours de la crise dans les aéroports européens chargés de médicaments, comme s'ils n'étaient pas concernés par cette épidémie. Mise à part l'Allemagne qui a rapatrié quelques malades français dans ses hôpitaux, la coopération européenne est presque absente.

Désormais, le monde entier se centre sur la Chine et les pays d'Asie du Sud-Est, et plus spécifiquement sur la stratégie qu'ils ont adoptée pour traiter la crise du Coronavirus et la maitriser. Le virus Corona transformera une mondialisation centrée sur l'Amérique en une mondialisation centrée sur la Chine, dont l'actuel combat sur le coronavirus montre aujourd'hui qu'elle a gagné la guerre. Les États-Unis continuent d'accuser la Chine d'avoir dissimulé à la communauté internationale la gravité du Coronavirus ainsi que le nombre exact des victimes, afin de protéger son économie et d'entériner son leadership sur les Etats-Unis. Et pour sa part le gouvernement chinois prétend que les USA sont à l'origine du Coronavirus.

De son côté le président des USA a décidé, face au développement de l'industrie chinoise et à l'ampleur de son commerce, de procéder à toutes les opérations pour l'immobiliser. On citera là les interventions de son conseiller économique Peter Navarro[20] qui a conduit le président américain à mener la guerre commerciale contre la Chine. Il a publié en 2006 *Les prochaines guerres pour la Chine*. Son deuxième livre est sorti en 2011 et intitulé *Death by China*. Peter Navarro y met l'accent sur le danger suscité par l'énorme déséquilibre commercial entre les États-Unis et la Chine, ainsi que sur les retombées néfastes de cette inégalité sur l'économie américaine. Ardent défenseur du libre-échange et favorable à la redistribution des richesses au sein des groupes sociaux, Peter Navarro a concentré ses études économiques, sociales et financières sur les politiques commerciales déloyales de la Chine, après qu'elle a eu rejoint l'Organisation mondiale du commerce en 2001. Ce dernier évènement, selon Navarro, au-

---

[20] « Peter Navarro est un économiste américain. Il est nommé comme assistant au président au bureau exécutif et au White House National Trade Council par Donald Trump depuis le 20 janvier 2017 ».
URL : https://en.wikipedia.org/wiki/Death_by_China

rait nui à l'économie américaine et européenne, directement et indirectement, aurait fait augmenter le déficit commercial et suscité la perte d'emploi d'un nombre important d'américains. Et cela en raison du grand nombre d'entreprises et d'usines américaines qui se déplacent en Chine pour travailler dans un environnement bon marché, financé par l'État. Avec la crise déclenchée entre les États-Unis et la Chine, le monde risque de se retrouver dans une nouvelle guerre similaire à la guerre froide.

C'est ce qui a poussé le banquier américain d'origine chinoise Song Hongjing[21] à écrire le livre *Currency War*, dans lequel il a mis en garde la Chine contre un groupe de banques privées qui auraient pris le contrôle des banques d'Etat américaines. L'auteur y évoque l'histoire d'un groupement de banquiers européens, sous l'égide du réseau familial des Rothschild, qui aurait progressivement contrôlé les banques centrales européennes puis américaines. Ainsi parle le site référé : « En maitrisant la finance, ils ont dirigé l'histoire moderne, que ce soit lors de la Guerre Civile Américaine, les deux guerres mondiales, la crise de 1929, ou la chute de l'Union Soviétique. Plus récemment, la récession japonaise des années 1990 et la crise asiatique de 1997 sont aussi attribuées aux actes de ces banquiers occultes. D'après Song, ces banquiers essaieraient de soumettre l'économie — et notamment l'économie chinoise — à leurs diktats pour conserver le pouvoir financier. Il recommande aux Chinois d'adopter l'étalon-or afin de se protéger »[22].

Les grandes puissances mondiales ont sous-estimé la force économique, sociale et militaire de la Chine, avec une industrie développée dans tous les domaines, en

---

[21] Song Hongjing, *La Guerre des monnaies. La Chine et le Nouvel Ordre mondial*, Editions Le Retour aux Sources, Paris, 2013.

[22] URL : https://fr.wikipedia.org/wiki/La_Guerre_des_monnaies._La_Chine_et_le_Nouvel_Ordre_mondial

particulier les secteurs de l'automobile, de l'électronique, de l'industrie des missiles intercontinentaux. 70% des Chinois travaillent dans la technologie moderne. Elle affirme aujourd'hui sa domination sur les Etats-Unis. La guerre entre les deux puissances s'est ainsi manifestée dans le cadre de la crise du coronavirus. Cela a commencé à partir d'un Tweet publié par le porte-parole du ministère chinois des Affaires étrangères Zhao Legan sur Twitter le 12 mars 2020, indiquant la possibilité que ce soit « l'armée américaine qui ait amené le nouveau virus Corona (Covid-19) » dans la région chinoise de Wuhan, à partir de laquelle il a commencé à se propager. Ce tweet a actualisé la théorie du complot américain déjà populaire sur les réseaux numériques chinois. Celle-ci suggère que 300 athlètes de l'armée américaine participant aux septièmes Jeux militaires mondiaux en octobre 2019 à Wuhan auraient été infectés par le virus et l'auraient ensuite propagé à Wuhan et à toute la Chine. Selon les mêmes sources, le 7 mai 2020, le médecin chinois Liu a été abattu à son domicile dans une banlieue de Pittsburgh, dans le district américain (Bennsylvania). Il aurait été sur le point de découvrir la source de cette épidémie et de donner les résultats de sa recherche. Dans cet affrontement aujourd'hui mis en valeur par la crise du corona virus, l'ordre mondial apparait sans souveraineté claire. Les dirigeants mondiaux (États-Unis, Russie, Chine et Union européenne) doivent se réunir à la même table. Ils doivent désormais s'attaquer aux problèmes régionaux et internationaux au service de l'homme et non pas au service du capital.

5. Les réseaux d'influences internationales en Tunisie

Les évènements survenus au cours de la décennie 2010-2020 dans le monde arabe et en Tunisie ont été largement construits, et les tentatives d'explications de toutes sortes n'ont pas manqué, au-delà des analyses des causes régionales et nationales, mettant notamment en question des présences étrangères. Les réseaux numériques et certains médias ont tout d'abord évoqué, sous le couvert des Etats-Unis, un possible impact israélien. Les propos ci-dessous attribués au ministre israélien de la Défense Ehud Barak ont ainsi circulé : « Le printemps arabe n'est rien de moins que la chute des régimes arabes ». « ... Nous aimons l'instabilité dans les pays arabes pendant ces périodes... La situation arabe actuelle représente une zone fertile pour l'occupation, et dans l'intérêt de ses intérêts ». De son côté le journal *Yediot Aharonot* a rapporté qu'un haut fonctionnaire israélien se serait rendu récemment en Tunisie, pour y débattre avec des autorités locales et des fonctionnaires des affaires étrangères, de la reprise des relations diplomatiques entre les deux pays ainsi que du tourisme israélien en Tunisie. Pour sa part le journal Al-Fajr prétendait que des réfugiés syriens entrés en Algérie étaient des espions pour Israël, rapidement partis pour la Tunisie après le blocus de sécurité trouvé en Algérie.

Dans le même contexte, la radio hébraïque *Rich Pitt* a révélé que l'espion Jonathan Pollard, condamné aux États-Unis pour espionnage pour Israël, aurait donné au Mossad israélien des informations sur les pays arabes (leurs plans d'armes, y compris le programme nucléaire du Pakistan) et non sur les secrets américains. Il a également précisé que ce même Pollard aurait donné à Israël des informations sur le siège de l'Organisation de libération de la Palestine en Tunisie et des rapports de renseignements concernant la Syrie. De même Ahmed Kahlaoui, président de l'Observatoire du Maghreb pour criminaliser la normalisation et soutenir la résistance, déclarait : « la Tunisie subit des pressions multiples et continues pour la pousser à normaliser ses relations avec l'entité sioniste dans le cadre de la vague d'accords que l'entité occupante a passé avec plusieurs régimes arabes, plus récemment le

Royaume du Maroc »[23]. Il a toutefois indiqué « que le comité national pour le soutien de la résistance arabe et la lutte contre la normalisation avec Israël œuvrera pour l'élaboration d'une sorte de "feuille de route'' contre la normalisation dans les domaines de l'éducation, l'enseignement, la culture, le tourisme et d'autres activités, faisant observer que les conceptions futures de l'Etat tunisien doivent s'orienter vers plus d'ouverture sur le monde arabe »[24]. L'ensemble de ces sources émet l'hypothèse que les renseignements israéliens pratiqueraient dans les pays arabes et pour ce qui nous intéresse en Tunisie, une politique d'infiltration et d'alliance visant à fragmenter les sociétés arabes de l'intérieur et à en alimenter les conflits internes. D'où les intérêts évoqués par le Centre Dayan israélien[25], pour avoir concentré durant de nombreuses années ses recherches sur ce que l'on a appelé les groupes ethniques et sectaires et sur l'existence de sociétés mosaïques dans le Machrek arabe. A ce titre le chercheur Abdullah Zoghbi a mentionné dans une étude sur le rôle du Mossad - à travers le « Centre Dayan israélien » - dans les pays arabes et particulièrement dans ceux qui se sont révoltés contre leur régime : « Les États arabes sont confrontés au stade des conflits internes et à la fragmentation ». Il donne l'exemple notamment, du Soudan, de l'Irak, du Yémen, de la Somalie et du Liban.

---

[23] Publié au journal tunisien *Chourouk*, le 21 décembre 2020

[24] Ahmed Kahlaoui, « Appel à introduire dans le texte de la Constitution "l'interdiction de la normalisation avec l'entité sioniste" », publié dans TAP le 29 - 01 – 2012. URL : https://www.turess.com/fr/tapfr/117751

[25] En étudiant la méthode d'analyse de contenu et en suivant les séminaires, ateliers et recherches publiés par le « Dayan Center for Middle East Research », il est aisé de diagnostiquer le rôle joué par ce centre et les entités qui sont à la base de son activité. La région du Maghreb fait partie des priorités de l'activité du centre au stade actuel. À l'avenir, malgré la concurrence que connait le Centre Dayan face à des nouveaux centres israéliens, il est toujours à la pointe en termes d'activité de recherche et de formulation de projets au service de la stratégie israélienne dans la région arabe.

Pendant la période de la Troïka, les rencontres des Américains avec Rached Ghannouchi n'ont pas été sans « conseil amical » pour les Tunisiens, concernant la nécessité d'améliorer leurs relations avec Israël et d'ouvrir des voies de communication avec Tel Aviv. Ghannouchi aurait rassuré Israël sur ce point, lors de sa participation au Forum mondial de Davos en janvier 2012 dans une déclaration à la station de radio Voice of Israel. La déclaration a suscité le ressentiment du Hamas, qui ne reconnaît pas Israël et rejette toute normalisation avec son Etat, mais en retour garde des liens étroits avec Ennahdha. L'État du Qatar s'est engagé à préparer le terrain et a conduit le conseil américain et qatari à « annoncer » la position de Rached Ghannouchi qui stipule qu'« il n'y a pas de problème pour le parti Ennahdha avec Israël ». Ghannouchi aurait également déclaré au magazine américain « Weekly Standard » que la nouvelle constitution ne comprendrait « aucun article condamnant Israël ».

Lors d'une conférence tenue en décembre 2011 par Ghanouchi à Washington au Center for Near East Policy, connu comme l'esprit intellectuel des conservateurs américains et des fanatiques d'Israël, Ghannouchi a évité tout signe hostile par rapport à l'État hébreu. Il n'a d'ailleurs pas hésité à nommer Khemaies Jhinaoui, qui a été directeur du bureau de Tunis à Tel Aviv de 1996 à 2000, comme assistant du ministre des Affaires étrangères et de son beau-frère, Rafik Abdel Salam, dans le gouvernement de la Troika.

Les diplomates et les experts en relations internationales y ont vu l'approbation tacite et fondée sur des principes « de la normalisation des relations avec Israël ». Cette « approbation » a été confirmée par Rached Ghannouchi affirmant personnellement que la nouvelle constitution tunisienne de 2014 ne prévoit pas, contrairement à ce qu'avaient proposé certains partis politiques, la criminalisation de la normalisation avec Israël[26].

Sans vouloir porter de jugement de valeur sur la nature des relations de la Tunisie avec l'Etat d'Israël, nous constatons qu'elles constituent un enjeu fort des relations internationales. La structure symbolique qui les sous-tend tient aux relations de domination établies par la colonisation israélienne sur le peuple palestinien, dont le siège de l'Organisation de libération (OLP) a longtemps résidé en Tunisie. C'est alors qu'un amalgame s'est construit tant dans les faits que dans l'opinion, entre le sionisme et ce qui a été nommé le lobby juif. Une confusion s'est ainsi créée tant en Europe qu'en Tunisie et ailleurs, entre le judaïsme (la religion) et le sionisme (l'Etat d'Israël), et l'on a confondu le premier (les juifs) avec le second (l'impérialisme sioniste). Simultanément, le soutien américain à la Tunisie s'est trouvé intriqué dans la méfiance voire le refus de l'opinion tunisienne envers l'Etat d'Israël, et l'amalgame se fait désormais souvent entre le soutien de Ghannouchi ainsi que d'une frange de son parti Ennahdha aux intérêts américains, et un soutien, qui pourrait paraître paradoxal, de ce parti islamiste à ce qui est nommé « les lobbys juifs américains ». En ce sens un ar-

[26] Rached Ghanouchi voulait la normalisation et le partenariat avec Israel. Il a en ce sens envoyé le 12 février 2020 à Howard Cohen, président-directeur général de l'IBAC (American-Israel Public Affairs Committee), commission des affaires publiques américano-israélienne à Washington, une lettre où il souhaite la normalisation et la connexion avec l'Etat d'Israël. Cette lettre traduite de l'arabe, a été publiée par l'activiste politique Mondher Guefrach. Il y confirme à cette date que le mouvement Ennahdha se démarque des déclarations du Président Kais Saïd anti-Israël et y souligne que « la présidence du Parlement et le chef du parti au pouvoir ne sera pas autorisé à passer une loi pour criminaliser la normalisation avec Israël au Parlement, et que le mouvement Ennahdha n'a pas renoncé à ses engagements antérieurs ». Il a déclaré que « l'engagement du mouvement est une clause dans la nouvelle constitution pour la normalisation avec Israël », et que le mouvement Ennahdha n'est pas obligé de reprendre le discours du président Kais Said contre la normalisation avec Israël.

ticle du site médiatique, *hilalpost.com* évoquait une relation « suspecte » entre Ghannouchi et le lobby sioniste-américain, sous le titre « Les relations sionistes du mouvement tunisien Ennahdha ».

Le même site *hilalpost.com* a indiqué que, sous la coordination de Radwan Masmoudi, tuniso-américain travaillant au CSID (Center for the Study of Islam and Democracy), un certain nombre d'islamistes modérés, Saida Akremi, épouse de Noureddine Bhiri et Ziyad Daoulatli, ainsi que Slaheddine Jourchi, connu comme un « islamiste de gauche », ont sollicité un entretien avec l'ambassadeur américain en Tunisie le 21 août 2006. Et cela dans le but de demander aux USA de soutenir les militants des droits de l'homme, d'aider à la libération des prisonniers politiques, d'inclure les islamistes modérés sur la liste autorisée à voyager aux États-Unis, ainsi que de visiter un islamiste résidant dans la ville de Sousse (Hammadi Jebali, devenu en 2012 premier ministre). *Source, document classifié de WikiLeaks.* Rajoutons à cela le fait que les deux participants de la Troïka, Rached Ghannouchi et Moncef Marzouki, premier président de la première république post révolutionnaire, ont reçu le 26 novembre 2012 le prix de l'organisation britannique influente *Chatham house. Source : document confidentiel du site web de Welix.* Après la révolution, les dirigeants du parti Ennahdha, en particulier Rached Ghannouchi, ont visité plusieurs autres organisations internationales et américaines en particulier, « le WINEP - Washington Institute for Near East Policy», et « Saban Center for Middle East Policy ». Les sites que nous avons consultés sur ce point rattachent la plupart de ces organisations à des grandes familles juives américaines qui selon eux seraient en lien avec les intérêts sionistes.

Enfin, lorsque l'on évoque les réseaux d'influences internationales sur les acteurs politiques tunisiens, mention est parfois, mais discrètement, faite des réseaux francs-maçons. La franc-maçonnerie est un mouvement considéré comme secret, réparti dans le monde et visant à le contrôler en nouant des liens solides avec les dirigeants des communautés locales et des personnes d'influences professionnelles ou politiques. Ses organisations mènent à bien leurs activités intellectuelles et politiques pour pénétrer les articulations du pouvoir par le biais de dirigeants et de hauts fonctionnaires aidés par le mouvement à atteindre des postes élevés en échange de servir leurs objectifs et de respecter leurs alliances. Ses adeptes la décrivent comme une organisation qui constitue un « État dans l'État ». Cela a conduit les analystes à considérer la franc-maçonnerie comme une extension de ce qu'on a appelé un gouvernement mondial caché.

Popularisée au XVIIIème siècle, elle a été définie comme un mouvement fraternel mondial dont les objectifs sont l'entraide, l'amitié, la bonté et l'amour des gens. Elle est conçue comme un « ordre initiatique qui fait valoir sa vision du monde, sa philosophie humaniste, son idéal type social et moral, son aide au développement progressif de l'humanité »[27]. Alors que pour certains elle est libérale et laïque, pour d'autres elle vise à se propager en passant par les enseignements du satanisme et en préparant l'émergence de l'Antéchrist et du judaïsme.

En ce qui concerne le monde arabe, la franc-maçonnerie aurait été implantée sous les influences coloniales européennes auprès de certaines élites politiques. Les réseaux numériques recensent une présence de la franc-maçonnerie dans les pays arabes, 70 000 en Algérie, 250 000 en Egypte, Maroc et Tunisie. Mais aujourd'hui dans le monde arabe, elle est le plus souvent assimilée au judaïsme et par dérive au sionisme, les « serviteurs de Satan », et relève de ce que l'on a nommé dans le monde la « théorie du com-

[27] Khalifa Chater, « La Franc-maçonnerie en Tunisie à l'épreuve de la colonisation (1930-1956) », *Cahiers de la Méditerranée*, 72 | 2006, 367-375.

plot ». Selon cette théorie, l'organisation serait supervisée par les Rothschild, et ses adeptes travailleraient pour 'l'entité israélienne'. Dans le monde arabe il serait reproché à la maçonnerie d'avoir déclaré la guerre aux religions, et particulièrement à l'Islam. La franc-maçonnerie, recueillerait alors la pensée juive pour répandre la laïcité et spécifiquement pour combattre l'islam et les arabes. Le 28 novembre 1984, l'Université égyptienne Al-Azhar a publié une fatwa qui se lit comme suit : « Un musulman ne peut pas être maçonnique, car son association avec la franc-maçonnerie est un départ progressif des rituels de sa religion, ce qui se traduit par le polythéisme ». De son côté la Ligue des États arabes a publié sa résolution n ° 2309, ainsi libellée : « Le mouvement de la construction maçonnique est un mouvement sioniste, il contribue au flux d'argent vers Israël et soutient son économie et son effort de guerre ».

En Tunisie, l'émergence de la franc-maçonnerie est liée à l'influence de l'Europe sur le sud. Par exemple, à l'époque d'Ahmed Pacha Bey, de nombreux groupes maçonniques d'origine française et italienne se réunissaient pour opérer secrètement. Selon certaines sources, plusieurs personnalités tunisiennes auraient appartenu à ces groupes, dont Habib Bourguiba, Mohamed Mzali, Mohamed Masmoudi. L'historien Khalifa Chater voit à ce titre « la franc-maçonnerie comme une énigme, entretenue par des propos allusifs relatifs à l'appartenance de quelques tunisiens dans cette mouvance, suscitant, d'ailleurs, une désapprobation publique » [28] . Cette désapprobation tiendrait au fait que sa doctrine laïque viserait à dépouiller la société des valeurs vertueuses de sa religion. Toutefois et paradoxalement, c'est après la révolution et sous les auspices de l'État tunisien, que la franc-maçonnerie aurait poursuivi ses activités : confé-

[28] Ibid.

rence mondiale en février 2011 au Palais des congrès de Tunis et conduite par le parti islamique Ennahdha, visite à Tunis en juin 2011 d'une délégation du Forum maçonnique de Paris avec l'intention de concentrer un siège permanent sur le Forum maçonnique tunisien. Depuis, des réunions au plus haut niveau sont organisées chaque mois au siège des Rotary Societies à Tunis, et dans sa banlieue, avec la participation d'une délégation américaine et de représentants de l'ambassade de France.

Si la crise ne signifie pas la fin de l'interdépendance au niveau international, cela peut toutefois se traduire par une tendance à la fermeture, au détriment des plus faibles que les programmes sociaux et économiques nationaux vont de plus en plus devoir préserver. Forcément, après la crise du Coronavirus, la Tunisie ne peut plus être « comme avant ». La principale question dans ce contexte est de savoir comment la Tunisie et les partis politiques en particulier ont tiré une leçon de cette crise. Pour une bonne relance aussi bien dans le domaine économique que politique, il est nécessaire d'établir une réforme des dispositifs en matière de gouvernance politique et de gouvernance économique, dans le but d'endiguer au maximum la spéculation ou toutes formes de corruptions, favorisant la création d'emploi et réenchâssant le développement social dans le développement politique.

TROISIÈME PARTIE

La corruption dans toutes ses dimensions

La corruption offense le pays à tous les niveaux (administratif, politique, économique, et financier), et l'a conduit à un déficit budgétaire estimé à 1,3 milliard de dollars et une inflation de 7% à 12%. *Source Ministère des finances.*

1. CORRUPTION FINANCIÈRE AU SOMMET DE L'ÉTAT

Nous reviendrons ici sur deux cas cruciaux de la corruption politique. D'une part la Tunisie s'est trouvée en 2020 face à deux accords commerciaux « douteux » avec la Turquie et le Qatar, incitant le parlement à reporter son vote sur ces accords, accompagnés d'accusations du président du parlement, Rached Ghannouchi, abusant de son autorité pour permettre aux deux pays de resserrer leur emprise sur l'économie tunisienne dans le cadre d'un agenda politique lié au projet de son parti Ennahdha. Ces deux accords avec la Turquie et avec le « Qatar Fund for Development »[29] pour ouvrir un bureau gestionnaire de

[29] « Qatar Fund for Development est une entité gouvernementale de l'État du Qatar, qui est responsable du développement international et de l'aide étrangère du Qatar ».
URL : https://en.wikipedia.org/wiki/Qatar_Fund_for_Development

fonds en Tunisie, ont été qualifiés de « coloniaux » par la presse tunisienne servant plus les intérêts du Qatar et de la Turquie que ceux de la Tunisie, et nuisant à la souveraineté du pays. Ces accords permettent en effet aux institutions turques de s'approprier des biens immobiliers et fonciers en Tunisie, et enfreignent certaines interdictions faites aux étrangers de posséder des biens immobiliers en Tunisie. Il convient de préciser en ce sens, que le président du Parlement, Rached Ghannouchi, a exploité la crise du coronavirus et « enfreint les lois pour passer des projets dangereux » sur le pays sans obligation de rendre des comptes.

D'autre part, le chef du parti islamiste Ennahdha, Rached Ghannouchi est accusé d'avoir profité de sa position parlementaire pour faire fortune. Certaines sources l'accusent de détenir 40% de la plupart des prêts consentis à la Tunisie durant la période révolutionnaire. Ces mêmes sources précisent aussi que la valeur de ses comptes dans les banques suisses est strictement confidentielle, et que la plupart des fonds du parti Ennahdha sont à son nom. Sa fortune est estimée à 4,9 milliards de dollars. Suite aux accusations et à une forte protestation des partis de l'opposition au sein du parlement, l'opinion publique s'est mobilisée pour la signature d'une pétition exigeant l'audit de la fortune du président Rached Ghannouchi. Il convient de situer ces éléments dans le cadre de la crise que connait actuellement le parti islamiste Ennahadha. C'est dans ce contexte que l'on pourra lire la démission, le 26 mai 2020, de Abdelfattah Mourou, vice-président du parti Ennahdha, ancien candidat aux dernières élections présidentielles. Il estimait alors n'avoir pas été suffisamment soutenu par son parti. Malgré l'annonce par Mourou que sa démission n'a rien à voir avec les tensions du mouvement islamique, la vérité est qu'il n'a pas voulu « perdre la face », a souhaité se préserver et se montrer en dehors de tous les dépassements commis par Ghannouchi, le leader du mouvement. Dans le même contexte, Abdelfattah Mourou a annoncé sa démission du Mouvement quelques jours après l'émergence d'une déclaration d'un groupe au sein d'Ennahdha se faisant appeler « Le groupe de l'unité et du renouveau ». Ce groupe cherchait à corriger la trajectoire du mouvement, à opérer un changement de direction, afin de ne pas redonner confiance à son chef Rached Ghannouchi, pour un autre mandat à ce poste.

On peut ici rassembler et comparer deux logiques différentes de corruption familiale en Tunisie. En comparaison, la dynastie de Rached Ghannouchi et de son hégémonie, ainsi que la famille Trabelsi de Leila Ben Ali, épouse de l'ancien chef de l'Etat, et Zine El Abidine Ben Ali, relèvent d'une logique de corruption. De son côté Ben Ali, malgré son autoritarisme et malgré sa fortune usurpée depuis sa prise de pouvoir, était dans une démarche d'aide et dans « la politique de la main tendue » vis-à-vis de la population et notamment celle des « zones d'ombre » du fin fond des banlieues et du pays. Il disait « assister » les plus démunis par un programme d'aide (Fonds de solidarité nationale), justifiant la « solidarité institutionnelle »[30] élaborée au profit de cette catégorie. Ce fonds créé fin 1992 était basé sur la collecte de dons souvent « imposés » aux différents groupes de citoyens pour financer des projets économiques et sociaux, lutter contre la pauvreté, créer de d'emploi en vue d'améliorer la situation financière des démunis et des familles à faibles revenu. Aujourd'hui et pour sa part, la « famille Ghannouchi » est essaimée partout dans le pays, non pas pour servir les différentes catégories sociales, mais pour « endoctriner » des groupes sociaux et en faire des partisans d'Ennahdha.

La question pourrait se résumer ainsi : Comment peut-on sanctionner et lutter contre le fléau de la corruption dans un pays où des chefs de partis politiques défendent

[30] Houda Laroussi, *Micro-crédit et lien social.* Ibid.

l'intérêt des monopoleurs (notamment des marchands de produits alimentaires soutenus par l'administration pour échapper aux sanctions) puis s'engagent pour définir la stratégie du gouvernement ? On peut dire à ce propos que la corruption a touché à la stratification sociale et s'est propagée comme le virus Corona, partout dans les rouages de l'administration. A titre d'exemple, une porte-parole du gouvernement a révélé le 25 avril 2020, des délits de fraude et d'ingérence locale de partis politiques dans la distribution de l'aide sociale en nature en raison de la crise de Corona. Dans le même sens, le chef d'un parti de l'opposition avait révélé l'implication d'agents accrédités (responsables locaux) affiliés au parti Ennahdha dans l'aide financière aux familles connues pour être fidèles au mouvement, en soulignant : « Ennahdha se déplace au niveau régional pour gagner la confiance, que ce soit par le biais d'avantages sociaux ou par la distribution de la nourriture ». De même, des militants et des médias ont accusé un certain nombre de dirigeants d'Ennahdha de faire pression sur des responsables gouvernementaux chargés de déterminer la destination de l'aide sociale, en menaçant de révoquer le responsable local de la Délégation de Fouchana en raison de son refus d'impliquer le mouvement islamique pour distribuer l'aide gouvernementale.

2. Petite corruption et marché parallèle

La finance, entre le marteau de la crise et l'enclume du marché parallèle et du blanchiment d'argent

Les autorités tunisiennes ont manqué l'occasion d'atténuer la crise en luttant contre l'effondrement du dinar qui s'est amorcé depuis 2011 et qui s'est accéléré pendant l'ère de la Troïka. Et cela malgré la loi de finance de 2014 qui a, entre autres, attribué l'autorisation de pratiquer le change en ouvrant des bureaux officiels partout sur le territoire afin de lutter contre les opérations illégales qui s'opèrent plus spécifiquement dans les zones transfrontalières. Les hauts responsables du secteur financier estiment que cette procédure fiscale, la première dans son genre, aurait permis de limiter les pratiques illégales des marchés financiers parallèles, dues au décalage entre les taux de change du dinar sur les marchés officiels, afin de soutenir la monnaie nationale et les réserves de change. Toutefois la démarche de cette loi est restée le plus souvent inappliquée.

Pour endiguer cette situation apocalyptique des marchés financiers parallèles, les autorités ont envisagé, mais sans réellement passer aux actes, de lancer une campagne massive contre les commerçants de devises sur le marché noir au cours de la période à venir, afin de créer les meilleures conditions d'ouverture des bureaux de change, qui devront garder le monopole de la devise. De même ce gouvernement s'est engagé formellement à suivre la voie de la réforme du système financier, en contrôlant tous les revenus mensuels et annuels centralisés au ministère des finances, ainsi que ceux payés en espèces. A ces mesures se trouve associée théoriquement l'obligation de possession d'une carte bancaire pour toute personne dont le revenu dépasse 600 dinars, avec un montant maximum de 50 dinars en espèces. De plus, pour toutes les entreprises et institutions privées et publiques, les salaires devraient être payés par virement bancaire, de même que toutes les ventes qui dépassent 1000 dinars. De leur côté les fonctionnaires profitent de privilèges accordés par les gouvernements de la Troïka après la révolution. Dans le même temps, des catégories entières de population se sont appauvries au cours de ces dernières années et ces derniers mois. Leur pouvoir d'achat a considérablement diminué. Cela n'empêche que de façon particulièrement hypocrite, l'élite politique continue d'attirer l'attention des Tunisiens sur la gravité d'une crise économique pour laquelle, en dépit des intentions affichées, elle ne donne aucune solution.

La « promotion » du marché noir

Le marché noir en Tunisie comprend les transactions commerciales dans lesquelles toutes les lois fiscales et commerciales sont évitées. Ce marché nuit directement à l'économie, car le taux des transactions peut y atteindre 60% ou plus, concernant par exemple les équipements électroniques, pièces automobiles ou carburants, cigarettes et drogues, importés d'Algérie. Les transactions monétaires se pratiquent en euros au niveau de la frontière. La taille du marché noir est plus petite dans les pays où la liberté économique est plus grande, et plus forte dans les sociétés où la corruption est la plus développée. Ces marchandises sont souvent introduites en contrebande, entrées sur le marché national sans être enregistrées dans des institutions officielles telles que l'autorité douanière compétente. La corruption a toujours existé en Tunisie, mais a considérablement augmenté après la révolution. Elle a pu parfois prendre d'autres formes sous couvert par exemple d'indemnisation des anciens militants politiques islamiques.

Puis il existe un autre marché noir qui se produit en cas d'incapacité de la production locale et des importations à couvrir une demande intérieure supérieure à l'offre. Dans ce cas, les exposants vendent des produits rares à des prix très élevés, à des personnes qui les renégocieront sur la base de plus forts profits. Ces délits ne sont généralement pas suivis de sanctions suffisamment dissuasives (emprisonnement, confiscation de marchandises, pénalités supérieures aux prix de la marchandise saisie). Parmi les conséquences du marché noir, figurent le manque de recettes fiscales pour le pays et la propagation d'un type de chaos économique organisé, qui pourrait avoir un impact négatif sur le niveau des dépenses publiques dans les domaines sociaux et productifs. Il n'en demeure pas moins, dans l'état actuel de l'économie tunisienne, que le marché noir peut procurer des avantages financiers pour les classes paupérisées, en raison par exemple de l'exonération des taxes des produits achetés.

Aujourd'hui, des milliards de dinars sont échangés sur des marchés parallèles pour stocker de grandes quantités de vin et de cigarettes, autant de taxes non récupérées par l'Etat. Dans le même temps de nouvelles impositions justifient les prix élevés de tous les produits tels que les matériaux de construction, l'électricité, l'eau (une augmentation de 200%). En 2015 de nombreuses pertes ont été subies par la Compagnie d'électricité et de gaz. A cela s'ajoutent les emprunts des institutions publiques tunisiennes à l'Union européenne en devises fortes, et qui ont fortement augmenté entre 2015 et 2019.

L'on dira dans ce contexte l'impuissance des politiques publiques et la nécessité non seulement d'une économie sociale et solidaire mais du Curriculum de l'économie sociale et solidaire (CUR'ESS) qui s'adaptera à cette conjoncture socio-économique néfaste.

Spéculateurs et monopoles dans les rouages de l'État

À une époque où le monde entier mène une guerre pour freiner la propagation du coronavirus, les dealers de crise et les monopoleurs ont profité des conditions du pays pour investir et multiplier leur richesse. De nombreux commerçants sans scrupules ont bénéficié de la ruée des tunisiens et de l'augmentation exceptionnelle du pouvoir d'achat au cours du mois de mai pour flamber les prix de certains matériaux, tels que les produits de stérilisation, et en stocker d'autres, comme la farine, la semoule et le lait.

Des équipes de suivi économique ont effectué 34 700 visites et ont réussi à inspecter 3 810 violations économiques liées aux prix, aux monopoles, à la contrefaçon et à la notification des subventions ou des amendes. Les équipes de surveillance ont saisi 7 tonnes de légumes, 21 800 œufs, 458 tonnes de farine, 1115 tonnes de semoule, 30 627 litres d'huile végétale, 65 tonnes de sucre et 41.000 litres de lait. Certains fonctionnaires de l'Etat auraient été impliqués dans ces forfaits.

Le monopole ne se manifeste pas seulement par le biais de la contrebande et de la spéculation, mais aussi par la corruption financière. Le monopole d'un marché consiste en un contrôle des actions, des produits de base afin d'en manipuler le prix. Il s'agit alors d'obtenir la plus grande part de marché dans une industrie particulière, puis de vouloir imposer des prix plus élevés. Le monopoleur espère contrôler un nombre suffisant de produits soumis à l'offre et la demande afin qu'il puisse déterminer son prix, et donc l'augmenter. Cela peut se produire à travers plusieurs mécanismes. Une stratégie simple consiste à acheter ou à stocker une grande quantité des produits disponibles à la vente au comptant sur certains marchés. En temps de crise, le monopoleur peut acquérir une grande quantité de marchandise, et profite de sa pénurie sur le marché pour la revendre à des prix élevés et en tirer le maximum de profit. Il existe en ce sens de nombreuses tentatives pour monopoliser les marchés par le biais d'énormes accords sur les produits de base, du lait, de l'huile et de la semoule. Toutefois lorsque le prix commence à évoluer contre le monopoleur, toute tentative du monopoleur pour vendre est susceptible d'entraîner une baisse significative de ce prix. On voit bien ici comment un contexte de crise pour les uns, comme celui du corona virus, peut être détourné au bénéfice d'un profit pour les autres.

La corruption entrave non seulement l'économie nationale, mais elle restreint les relations internationales d'ordre commercial et économique avec les pays européens. En ce sens, selon les propos de Patrice Bergamini, ambassadeur de l'Union européenne en Tunisie, « des foyers de corruption encouragent les mauvaises pratiques, et leur prolifération menace le succès de l'expérience démocratique tunisienne »[31]. Dans cette perspective, Bergamini a indiqué que « la résistance à l'Aleca revenait aux positions monopolistiques et aux pressions de la part de certains groupes familiaux qui n'ont pas intérêt à ce que de jeunes opérateurs tunisiens s'expriment et percent ». Il a même désigné ces groupes de « lobbys », « contrôlant l'économie tunisienne entravant toute concurrence des petites entreprises et des jeunes investisseurs ». Nous admettrons ces propos insistant sur le fait que la richesse se trouve concentrée entre les mains de quelques familles qui refusent la concurrence. L'ambassadeur européen a estimé que la transition économique en Tunisie n'est pas encore achevée. Il a évoqué en ce sens le rôle de l'Aleca dans l'ouverture à la concurrence, l'élimination du monopole de ces groupes économiques, de la corruption et du marché noir. Certains commentateurs tunisiens ont pu considérer ces remarques de Patrice Bergamini comme une violation des règles diplomatiques. Un porte-parole du Forum tunisien des droits économiques et sociaux, Romdhan Ben Omar, a toutefois précisé que les déclarations de l'ambassadeur ne sont pas surprenantes, étant donné que ces mots ont déjà été prononcés par des partis et des organisations intéressés par les affaires économiques, mais « ce qui est étrange et surprenant, c'est la position tunisienne ».

[31] Interviewé au journal français *Le Monde* du 09 juillet 2019 au sujet de l'Accord de libre-échange complet et approfondi (Aleca).

3. ÉLÉMENTS POUR UN CENTRE UNIVERSITAIRE DE RECHERCHE SUR LA CORRUPTION EN TUNISIE

Réfléchir sur la corruption implique simultanément de clarifier le concept de corruption et le « champ » sémantique, social et juridique qu'il recouvre au-delà des idées reçues, des représentations médiatiques, des définitions données par les organisations internationales. Au préalable cela nécessitera : d'une part la constitution d'une base de données à partir de la collecte des informations et des statistiques se rapportant à la corruption ; d'autre part l'élaboration d'études spécifiques et appropriées selon les besoins scientifiques ; et enfin la mise en œuvre d'une politique de communication et de mise à disposition des informations, de publications, voire d'organisation de débats et de séminaires.

3.1. La documentation et la capitalisation de l'existant

Il s'agira de rassembler, dans une banque de données, toute la documentation disponible sur la question. Elle constituera non seulement une source d'informations, mais elle tiendra aussi lieu de premier « terrain » d'investigation pour des travaux de recherche.

Il faudra procéder tout d'abord à un état des lieux des travaux déjà conduits de près ou de loin sur le sujet de la corruption, auprès des centres, laboratoires et équipes de recherches, bibliothèques universitaires, organisations internationales et autres institutions. Parmi le recensement de premiers travaux conduits pour cette banque de données, on peut d'ores et déjà citer de façon non exhaustive :

- Les rapports menés par les instances internationales, par exemple : rapport Banque mondiale ; rapport OCDE, diagnostic de l'intégrité dans le cadre légal économique.

- Les rapports conduits en Tunisie, par exemple : Forum universitaire tunisien (PNUD), analyse de perception de corruption au milieu universitaire et administratif ; Centre tunisien de gouvernance des entreprises (baromètre de mesure et suivi d'opinions et représentations de la corruption auprès des citoyens) ; Institut tunisien de compétitivité et d'études quantitatives ; Rapport 2011 de la commission d'investigation sur la corruption et la malversation ; les dossiers disponibles auprès de l'INLUC (Instance nationale de lutte contre la corruption).

- Des travaux universitaires poursuivis notamment par des sociologues (CRDI Ottawa, IRMC/Tunis, sur la justice et les représentations du bien commun)[32].

De cette première documentation on pourra : d'une part induire des définitions de la corruption dans la littérature des sciences sociales, dans les travaux des organisations internationales, dans les législations, dont la tunisienne ; et d'autre part faire ressortir de cet état des lieux les manques en termes de recherche, et les terrains à investir par la suite.

3.2. Les approches à mettre en œuvre pour mieux « comprendre » et expliquer la corruption

Une typologie des cas et des formes de corruption

Pour un chercheur, l'idée de corruption est difficile à cerner.

On peut tout d'abord la classer selon les secteurs où elle se manifeste : administration, justice, police, politique, marchés publics, fonction territoriale et municipalités, économie, urbanisme, relations secteur public/secteur privé.

Ou encore selon les formes qu'elle prend au quotidien : lobbying, clientélisme, protection politique, contrebande,

---

[32] On se réfèrera à ce propos aux travaux de Sihem Najar sur la démocratie numérique, et de Imed Melliti et Hayet Moussa sur la justice sociale et le bien commun (en bibliographie).

délinquance, marginalité, pots de vin, services payants, utilisation privée de matériel public, détournements, piston, passe-droits, abus de pouvoir et favoritisme etc.

Une autre classification possible (donnée dans l'étude *La petite corruption : le danger banalisé. Étude exploratoire sur la petite corruption en Tunisie*, par l'association tunisienne des contrôleurs publics) [33] est basée sur la différenciation entre « grande corruption » (politique notamment dans la fonction publique, ou économique dans les grandes entreprises), et « petite corruption » dite ordinaire au niveau de la mise en œuvre dans la rencontre fonctionnaires/ usagers.

Une mise en comparaison de la corruption selon les contextes

Sur un tel sujet, il convient d'avoir un point de vue de comparaison internationale. En effet un éclairage sur les différentes formes de manifestation de corruption selon les pays (expériences comparées), pourra faire ressortir les spécificités de la Tunisie (clientélismes, marchés public/privé).

La documentation et les études recueillies permettront ainsi de « contextualiser » la corruption selon les spécificités économiques, sociales et culturelles de chaque pays et de son système de normes. On peut la voir transversalement comme le signe d'une pathologie qui perturbe le système de l'ordre public en portant préjudice à l'individu. On pourrait en ce sens établir une correspondance d'interaction entre la corruption qui se pratique dans les institutions et les spécificités « éthiques » (morales) des agents qui en sont à la base.

[33] *La petite corruption : le danger banalisé. Étude exploratoire sur la petite corruption en Tunisie*. Publication du rapport de l'ATCP, Association tunisienne des contrôleurs publics, 2015

L'approche comparative peut aussi nous conduire à analyser conjointement des formes de gouvernance régionale. A chaque région (gouvernorat), on pourrait attribuer des pratiques de corruption spécifiques, liées à la culture locale et au contexte socio-économique et culturel régional (région transfrontalière, région portuaire, zones isolées de l'intérieur etc.).

La construction des indicateurs de mesure de la corruption

La documentation et les actions de recherche du centre universitaire porteront aussi sur : comment mesurer la corruption, sur quels instruments et indicateurs de mesures établir les diagnostics. Parmi les instruments existants, à recenser et dont il faudrait mesurer la propre efficacité, on peut citer : les évaluations et les jugements d'experts ; les enquêtes sur l'expérience et sur la perception de la corruption auprès d'acteurs ; les synthèses d'opinion sur la gouvernance d'institutions ou d'individus ; les autres indicateurs tels les entretiens, la méthode des quotas, les comparaisons sur hypothèse, puis les perceptions d'opinion et les récits d'expérience.

3.3. Quelques propositions d'études ou de thématiques de recherches à conduire par le Centre universitaire

- Les origines sociales de la corruption
- La contrebande, le marché parallèle et le secteur informel
- La corruption en milieu universitaire, la corruption dans les institutions de santé (hôpitaux, etc.)
- La corruption des élites politiques, la corruption dans les campagnes électorales et les élections.
- Les monopoles, les lobbyings, et l'évasion fiscale

- Les métiers confrontés à la corruption (témoignages, combats) : les experts comptables, les contrôleurs financiers et de gestion, les administrateurs des institutions publiques et privées, puis les avocats, juges, police, politiques, syndicalistes, journalistes.
- Les acteurs de la société civile (associations, syndicats, réseaux numériques, médias…), leur rôle à jouer dans la lutte contre la corruption
- La corruption face au bien commun : les thématiques de l'intégrité, les représentations du juste et de l'injuste, le point de vue des plaignants et des victimes.
- Les représentations de la corruption depuis les organisations internationales et les agences de notations.

Quatrième partie

Le Curriculum de l'Économie Sociale et Solidaire CUR'ESS

Force est de reconnaitre que l'Economie sociale et solidaire s'insère dans une économie locale qui garantit la création d'emplois. Son objectif n'est pas lucratif, mais plutôt de porter un projet collectif le plus souvent à finalité sociale. Elle est l'occasion de construire une nouvelle approche de développement basée sur l'économie participative et la gestion démocratique. Cette approche nécessite un diagnostic qui soit établi par le citoyen pour identifier et visualiser ses propres besoins, faciliter la gestion de ses projets. Cela contribue à cristalliser, voire renforcer les espaces régionaux avec une identité locale, et à valoriser les ressources humaines et matérielles, afin de créer des activités et de susciter des opportunités pour travailler et fournir de meilleurs services aux citoyens.

L'économie sociale et les services qui relèvent de l'économie solidaire sont guidés et régis par les principes de justice, de coopération, de transparence et de solidarité. Le système de commerce équitable et solidaire, officiellement approuvé par le président brésilien en 2009, est le premier système de commercialisation au monde reconnu et soutenu par l'État.

Ce secteur est actuellement plus apte à réussir en Tunisie en raison du développement des mentalités, de l'essor de la culture entrepreneuriale, du grand nombre des diplômés de l'enseignement supérieur, et de la capacité de participer volontairement à toutes les activités fournies par les composantes de la société civile et les institutions non gouvernementales, en particulier les associations de divers types, les coopératives travaillant dans le domaine agricole, et le secteur privé, notamment dans les zones défavorisées.

De quoi la Tunisie a besoin pour que le projet ESS réussisse ? D'initiatives législatives pour la solidarité et l'économie sociale. Ces dernières sont déterminantes dans la réussite des expériences dont de nombreuses ont été soutenues par les institutions publiques, qui fournissent des services gratuits pour appuyer et assister le secteur sur le plan financier, cela a par exemple été le cas de l'expérience marocaine. Certains pays promeuvent également le secteur coopératif par un soutien financier, basé sur le mécanisme d'incitations financières, et développent le financement solidaire par les banques et les fonds de solidarité, pour générer des projets sociaux et solidaires. En outre, ces organisations de soutien (par exemple au Brésil) ont contribué de manière significative à la conversion du secteur informel et du commerce parallèle en un secteur organisé, à une époque où le Brésil, avec son expérience réussie, a créé une agence nationale de commercialisation des produits.

Aujourd'hui, nous soulignons la nécessité de convaincre les politiciens et les responsables des secteurs publics, que ce modèle économique (ESS, économie sociale et solidaire) ne se présente pas comme une alternative à l'État, ni ne le contredit, mais plutôt qu'il tente, à travers ses organisations, qui sont des composantes de la société civile, de former des liens d'intégration et de partenariat avec l'État, surtout s'il s'agit de l'État de droit et de la loi.

Avant d'aborder ci-dessous notre projet qui porte sur une nouvelle conception de l'économie sociale et solidaire nommée le « Curriculum de l'économie sociale et solidaire », CUR'ESS, il est important de revenir aux racines de l'économie sociale puis d'évoquer l'expérience tunisienne dans ce secteur, et notamment au mutualisme à l'époque de Bourguiba, pour tirer les leçons de son échec.

Dans la deuxième section de cette partie nous suggérons l'expérience algérienne (l'Algérie a choisi le même système coopératif après son indépendance) pour mieux saisir la logique de ce système et ses enjeux dans un pays avec lequel nous partageons plus ou moins le contexte socio-économique. Dans les autres sections, nous ferons des proposions concrètes.

1. Les racines de l'économie sociale, et les revers du coopérativisme

Les racines de l'économie sociale remontent au mouvement ouvrier du XIXe siècle et à sa résistance à la logique de la révolution industrielle. Face à leurs conditions de vie précaires, les travailleurs, inspirés des penseurs socialistes utopiques (Saint Simon, Charles Fourier...), se sont organisés et ont implanté des sociétés d'entraide, pour la coopération entre riches et pauvres, des débouchés alimentaires et des coopératives de production ont été créées.

Comme le concept d'*économie sociale* appartient aux chercheurs français qui l'ont redécouvert depuis 1977, et l'ont utilisé pour se référer à un groupe d'organisations constituées d'associations et de coopératives, le modèle a évolué pour s'associer au concept de solidarité. Nous mentionnons ici les contributions des chercheurs tels que Bernard Eme et Jean-Louis Laville, qui sont reconnus pour avoir défini cette économie alternative comme un ensemble d'activités qui contribuent à la démocratisation de l'économie, à commencer par les obligations de citoyenneté[34]. Et loin de compenser le travail de l'État, c'est une action de collaboration avec les pouvoirs publics pour réintégrer des structures qui relèvent du tiers secteur dans l'économie. C'est aussi un projet d'inclusion sociale et culturelle. Par conséquent, ce modèle économique a pris une grande importance, reflétée par le grand nombre de recherches et d'études qui lui sont consacrées dans les pays du Nord comme dans les pays du Sud.

L'économie sociale contient des lois et des structures qui défendent la priorité humaine[35]. Le concept a commencé à gagner une reconnaissance institutionnelle et juridique dans de nombreux pays du monde pour se référer au troisième secteur, et il est nécessaire de remettre en question l'idée courante selon laquelle l'économie sociale et solidaire est spécifique aux pays pauvres. Plusieurs pays du Nord et du Sud adoptent ce modèle économique. On prend l'exemple de la France, l'Italie, l'Allemagne et le Brésil qui ont développé une loi sur l'économie sociale et solidaire. En France la loi sur l'économie sociale et solidaire a été adoptée fin juillet 2014. Cette loi française codifie les règles de travail des spécialistes en économie sociale et solidaire, elle donne de la rigueur et la reconnaissance législative à ses institutions, ses structures et ses outils. L'ESS joue un rôle important au niveau international, tant économique qu'humain. En Europe et dans le monde arabe, cette économie emploie plus de 14,5 millions de personnes. Dans certains pays, comme la Bel-

---

[34] Bernard Eme, Jean-Louis Laville, *Cohésion sociale et emploi,* Paris, Desclée de Brouwer, 1994.
« L'économie solidaire peut être définie comme l'ensemble des activités de production, d'échange et de distribution contribuant à la démocratisation de l'économie à partir d'engagements citoyens ».

[35] L'économie sociale contient des lois et des structures qui la composent (les associations et les institutions), mais contrairement à ce que l'on suggère, le capital est une composante déterminante de l'économie sociale. Malgré tout ce que ces organismes évoquent par rapport à la finalité de leurs activités, ils en défendent tout à la fois la priorité humaine et le capital aussi.

gique, la France, les Pays-Bas et le Maroc, l'économie sociale et solidaire contribue à plus de 10% du PIB. Elle permet à près de 15% de la population brésilienne, soit environ 29 millions de personnes, d'échapper au seuil de pauvreté. On peut la considérer comme un levier de progrès du développement, notamment après la crise économique et financière que le monde a connue depuis 2008 et qui a encouragé l'Assemblée générale des nations unie de déclarer *2012 Année internationale des coopératives*, sous le slogan « projets coopératifs pour construire un monde meilleur ».

En ce sens, on posera la question de ce que l'Etat tunisien a pu apporter par ses politiques de développement économique et social aux demandeurs d'emploi : quelles sont les opportunités d'emploi élaborées dans le secteur public et le secteur émergeant de l'économie sociale et solidaire ? Une pléiade d'organisations nationales et internationales (Enda, Taysir, Yunus social business, Lab'ESS, Prom'ESS, etc.) incite à l'entrepreneuriat social, comme une solution pour l'insertion dans le marché du travail. Quelle réponse peut apporter ce secteur aux jeunes diplômés demandeurs d'emploi ? Pour l'Etat, l'économie sociale demeure encore un slogan, utilisé dans les discours officiels, un discours sur papier, qui hélas n'atteint pas son but qui serait de revitaliser les valeurs prônées par l'économie sociale, c'est-à-dire, une économie au service des plus faibles et des démunis.

L'expérience tunisienne en économie solidaire sous sa forme mutuelle, dans les années 1960 a échoué non pour des raisons intrinsèques à cette économie, mais à cause de l'adoption d'une démarche mal gérée sur le plan décisionnel et dans laquelle la participation, la responsabilité et la démocratie étaient absentes. Aujourd'hui, nous devons nous pencher sur cette expérience pour mieux comprendre les causes de son « avortement » et en tirer profit pour se focaliser sur une économie sociale unifiée qui suscite le développement durable dans ses différentes dimensions et contribue à créer du dynamisme au sein des groupes sociaux.

Nous évoquons l'expérience du coopérativisme après l'indépendance de la Tunisie sous le régime du premier président Habib Bourguiba, la manière avec laquelle cette initiative a été portée, et comment ce projet a été conçu à l'époque, par son ministre de l'économie Ahmed Ben Salah. Il est important avant d'aller dans les détails de cette expérience, de préciser la stratégie de Bourguiba quant à ce choix politique avec son ministre. Rappelons que Ahmed Ben Salah, est né en 1926 à Moknine, a étudié au collège Sadiki (creuset du nationalisme tunisien), puis en France. Ben Salah s'est construit sur le plan intellectuel en Europe dans le cadre de son expérience syndicaliste avant son retour définitif en Tunisie, ce qui l'a d'ailleurs conduit à occuper plusieurs responsabilités politiques au sein du gouvernement de Bourguiba.

Ce qui pose ici question, et ce qui est équivoque, est l'attitude de Bourguiba et sa position hostile envers Ahmed Ben Saleh et ses inclinations socialistes, toutefois contredites en lui accordant la plus haute responsabilité économique du pays. Bourguiba a déclaré dans son discours en Egypte en février 1965, essayant d'expliquer l'étape que la Tunisie avait choisie à l'époque : « Quant à la propriété privée, nous ne voyons en aucun cas sa nationalisation. L'État continue à diriger ce secteur jusqu'à ce que les travailleurs puissent gérer eux-mêmes les moyens de production et jusqu'à ce que le danger disparaisse ». Il rajoute, et donc « l'expérience des coopératives est conforme à la théorie scientifique socialiste en ce qui concerne le renforcement de l'État afin de pouvoir mettre la main sur l'économie dans ses divers aspects industriels, agricoles et de services, avec la liberté économique de la population et des petits paysans et de ceux qui ont de petites exploitations, mais cela ne signifie pas exactement la congruence avec laquelle le marxisme a été créé. Prenez le terme de solidarité pour éviter le terme de socialisme, car ce dernier a un impact négatif dans certains régimes capitalistes tels que les États-Unis puis la France ». Il est évident que le terme solidarité (dans le sens associatif, voire coopératif) est plus proche de la mentalité tunisienne, et de la référence théorique directe sur laquelle se fondera la réciprocité tunisienne dans les années soixante.

Dirigée par Ben Salah, l'expérience des coopératives a abordé la nécessité de mettre l'accent sur les colons qui saisissent les ressources et les biens de l'État tels que les oliviers, le blé sidérurgique et le phosphate. Cela a été considéré comme une étape majeure vers l'achèvement du chemin de l'indépendance définitive et l'adoption de groupes coopératifs pour développer des moyens de production qui seront supervisés par l'État afin de garantir la bonne distribution et le droit des travailleurs. Au niveau des demandes, l'augmentation fiscale du financement de la politique de soutien mutuel s'est produite à un taux de 22,5% en 1962 et elle dépendait principalement des prêts étrangers, en particulier des États-Unis (de la Banque mondiale) et de la France, qui ont profité des ressources de la Tunisie, pour la reconstruction et le développement de leurs propres pays. Cet argent représentait 40% de l'investissement total dans les années 1960 et, au cours de cette décennie, l'État a réussi à nationaliser presque toutes les terres devenues disponibles en août 1969. Il est important de souligner que l'équivalent de 1762 coopératives agricoles ont été construites sur la base de 4 110 000 hectares qui appartenaient aux particuliers. Ces formalités ont été régies par l'administration et par l'intermédiaire des directions régionales, qui étaient les plus aptes à favoriser l'intérêt collectif et sociétal. Ces coopératives ont des activités indépendantes soumises à une gestion autonome, démocratique et participative, dans laquelle l'association est gratuite. Elles proposaient des modèles basés sur une économie intégrée et durable, produisant des biens et des services centrés sur l'humain comme source de développement, et enracinés auprès des groupements d'intérêt collectif.

Jusqu'à présent, l'échec de l'expérience du coopérativisme, que l'on peut aussi désigner « d'expérience de synergie », reste mystérieux. Conduite depuis 1962 par Ahmed Ben Saleh, cette expérience a connu à ses débuts un succès convaincant puis un échec en 1969, suite à des interactions économiques, sociales et politiques. Cette nouvelle économie rompait avec les anciennes pratiques des Tunisiens, mais était incluse dans des stratégies économiques visant à créer un équilibre entre tous les groupes de la société et plus particulièrement entre les pauvres et les riches après l'indépendance. Pourquoi cet échec ? En fait, il s'agit d'un système économique qui comprend un ensemble de processus coopératifs d'accession à la production, échappant à la propriété individuelle et relevant du secteur public ou « propriété collective » et participative sous les auspices de l'État. La société se libère ainsi de la propriété individuelle et des initiatives économiques privées. Ainsi nous comprenons de ce qui précède, que la solidarité signifie la propriété collective des membres de la société sous les auspices de l'État qui devient alors le seul et unique moteur, gestionnaire et contrôleur de l'économie. Durant cette période, tous les secteurs et biens individuels et particuliers ont été confisqués et sont devenus propriété de l'Etat. Dans un premier temps, l'État crée des unités de production agricole et des unités coopératives dans le but de limiter le phénomène de déplacement rural. Puis il établit des pôles industriels dans toutes les régions du pays, comme la sidérurgie de Manzel Bourguiba et la fabrique de tabac de Kairouan. Mais les Tunisiens n'ont pas accepté cette nouvelle expérience économique et notamment les riches. Parmi les syndicalistes, il a été entendu à l'époque que Ahmed Tlili[36] a été le premier à signaler l'erreur dans l'approche de soutien mutuel dans la politique d'Ahmed Ben Salah, et se situait contre la démarche adoptée. La raison pour laquelle les tunisiens ont rejeté ce procédé, s'explique par le fait que la solidarité constitue une menace pour la propriété individuelle. La question qui se pose alors est de savoir si la solidarité est « conduite » par l'État pour en faire son économie dominante, ou si l'Etat fait de la solidarité la seule économie dominante. Ici, le secteur privé et toutes les formes de propriété individuelle sont définitivement éliminés.

Certains témoignages confirment également que les agriculteurs des régions du centre et du sud du pays ont migré vers les montagnes et les déserts, accompagnés de leurs moutons et chameaux, de peur que l'État ne confisque leurs propriétés agricoles. D'autres Tunisiens ont catégoriquement refusé de faire l'expérience de la solidarité, en particulier les grands propriétaires des terres agricoles, cette approche n'était pas considérée comme équitable pour eux et à leur avis injuste : car les non-propriétaires y jouissent des mêmes droits que les jeunes et les anciens propriétaires. Cependant, certains économistes rejettent cette explication et portent leurs analyses du côté de l'autoritarisme de l'Etat. La stratégie de l'Etat était de contrôler, voire dominer toutes les activités économiques, en trouver les moyens pour s'approprier tous les secteurs de production et en avoir le monopole par l'exploitation de la main-d'œuvre. L'expérience d'Ahmed Ben Saleh s'est terminée en 1969 avec un échec. Après cet échec, le pays a suivi des expériences économiques libérales qui, au cours des années 1980 et 1990, ont contribué

[36] Il était un des leaders politiques proches de Bourguiba. Il faisait partie du Néo Destour. En étant un leader syndicaliste, il avait milité pour le respect des droits de l'homme. Par la suite, il s'est opposé au régime de Bourguiba et s'est distingué par ses positions farouches contre le pouvoir en place.

à la reprise de l'économie tunisienne. L'économie libérale est plus efficace car elle oscille entre les secteurs privé et public. L'échec de l'expérience « de sympathie » du coopérativisme a conduit l'ex-ministre tunisien Ahmed ben Saleh à être exempté de ses fonctions et emprisonné sur ordre du président Habib Bourguiba jusqu'à son évasion de prison en 1973.

En fait, la solidarité est considérée comme un modèle économique infructueux durant cette période car elle dénie la propriété individuelle et les initiatives privées.

Sur la politique de mutualisation de l'ancien Ministre Ahmed Ben Salah

Dans ses témoignages[37], Ahmed Ben Saleh évoque les fondements de son expérience politique de mutualisation à l'époque de Bourguiba, et la « révolution » qu'il a voulu mener dans le secteur agricole. Il explique que suite à des négociations établies avec la France au début des années 1960, cent cinquante mille hectares de terrains agricoles ont été récupérés principalement dans le nord-ouest de la Tunisie. La culture dominante dans ces régions est basée exclusivement sur les grandes céréales (blé, orge, farine). La plupart de ces terrains étaient sous la domination coloniale ou achetés aux prix les plus bas. Cela signifie qu'une grande partie des agriculteurs possédants des petites et moyennes parcelles ont été dépouillés de leurs propriétés. Il est important de signaler que le nord est exceptionnel dans la production du blé en particulier et donc censé être une des régions les plus prospères du pays. Comme cela n'a jamais été le cas, cela signifie que ces régions ne profitaient pas de leur production agricole.

L'objectif de Ben Salah était de relancer l'agriculture après l'indépendance du pays, et de diversifier sa production. D'ailleurs, cette réforme et cette diversification ne peuvent se faire dans des zones dispersées. Le problème le plus saillant de l'époque, selon Ben Salah, était la « dispersion des biens », voire des parcelles. Cette dispersion a négligé la diversité de l'agriculture, et la première tentative pour y remédier après la récupération des milliers

[37] *Témoignage d'Ahmed Ben Salah sur son parcours national et international*, Fondation Temimi pour la recherche scientifique et l'information, Zaghouan, 2002

d'hectares, a été la création de « synergies », c'est-à-dire des groupements de petits agriculteurs rassemblés autour d'une grande parcelle des terrains récupérés, de sorte que le mutualisme consistait en une terre relativement vaste. Et nous sommes au cœur du mutualisme puisqu'il s'agit de « la mise en commun de ressources » agricoles afin de « partager des risques » et les mettre « à la charge d'une communauté, d'une collectivité, partager des ressources au sein d'un réseau de solidarité »[38]. En l'occurrence, les notions de partage et de coopération sont à la base du projet de Ben Salah.

Cette tentative de regroupement, à l'époque, provient de la difficulté des propriétaires de petites parcelles qui ne peuvent produire de cultures et de légumes car cela nécessite des prêts, que la banque ne peut octroyer aux « petits » agriculteurs. Sur cette base, 15 groupes de soutien mutuel ont été formés au gouvernorat du Kef, au nord-ouest mais sans que cela soit adapté à des procédures administratives ni juridiques. Autrement dit, ce projet de regroupement a été conçu en dehors de tout texte de loi. Il s'agit d'un choix effectué afin que le problème de la dissuasion ou de la pression ne soit pas posé. Cela a été un moyen pour aider les petits propriétaires pour s'associer à la mutuelle, sans perdre la possession de leurs terres, du coup chaque agriculteur a préservé son terrain. Finalement, la mutuelle est devenue une entreprise entre agriculteurs qui conservent leurs actes de propriétés individuels et bénéficient de la superficie avec laquelle chacun contribue à la mutuelle. Ainsi, un modèle démocratique s'impose par le biais du soutien mutuel, basé sur le fait que chacun a un rôle, et chacun a une voix dans la conduite et le choix des cultures. C'était le modèle mutuel que Ahmed Ben Salah a défendu au profit des petits exploitants agricoles. Ce modèle a été décidé en collaboration avec tous ces agriculteurs qui l'ont adapté. Rappelons que les grands propriétaires de terrains n'étaient pas d'accord avec ce choix et ont refusé de participer au projet avec les petits « paysans ». Dans ses témoignages, Ben Salah explique que la loi, serait un moyen pour opprimer tous ceux qui refusaient de s'associer et cela susciterait une répression. Par ailleurs, des fonds ont été collectés afin de les accorder dans le cadre des prêts coopératifs aux petits agriculteurs qui font partie des mutuelles. Toutefois même ceux qui ont refusé de rejoindre les mutuelles (pour une raison géographique) ont bénéficié de ces prêts. Ahmed Ben Salah avait formé une quarantaine de fonds, ce qu'il

[38] Cyrille Devendeville, « Les aspects généraux de la mutualisation », *Gazette des archives*, pp. 33-40, 2013.

considère comme un exploit à l'époque, car il a voulu montrer très simplement que les mutuelles constituaient une occasion de revoir les conditions de travail dans le secteur agricole et dans toutes les régions du pays.

Par la suite, des expériences « pilotes » ont commencé à donner leurs fruits un peu partout. En ce sens, la plantation de parcelles de tomate au Kef a été une expérience réussie. En même temps, un autre projet abouti, toujours dans la région, consistait à cultiver des poissons dans la vallée de Mallègue[39], au profit des habitants de la région. 300 unités de production ont été regroupées dans le nord-ouest et six millions d'oliviers ont été plantés, et c'est suite à ces expériences que la Banque mondiale a accordé un financement.

Ben Salah a mis l'accent sur les difficultés rencontrées au début pour l'obtention de fonds de la Banque mondiale, peu encline aux projets du secteur agricole, qui a refusé d'accorder un prêt pour ce projet tunisien. Il lui a donc proposé de constituer un comité tripartite (Banque mondiale, Organisation des Nations Unies pour l'alimentation et l'agriculture (FAO), et haut responsable du gouvernement tunisien) pour étudier sa demande et financer des unités productives mutuelles dans le nord-ouest de la Tunisie. Le comité a été instauré en Tunisie, ses membres ont visité les unités de production et ont échangé avec les agriculteurs. Un prêt de 18 millions de dollars s'en est suivi en 1964 pour financer les 300 unités. Il s'agit de la première expérience de financement de la BM pour ce type de projet aussi bien en Tunisie que dans le monde. La réussite de ces projets a marqué le début de l'industrie agricole en Tunisie. Dans la presse étrangère et notamment tunisienne on parle de « collectivisme » alors qu'il s'agit, pour Ben Salah « d'un travail économique et coopératif ».

Force est de reconnaitre que l'expérience de la solidarité a commencé à partir de cette mise en place d'unités productives dans le gouvernorat du Kef. C'est après cette expérience réussie, que des efforts ont été déployés dans toute la république. Ben Salah voulait encourager la diversification de l'agriculture sur les bases de la contribution de l'État. Sa stratégie se fondait sur une base d'égalité entre ce que l'État peut faire et ce que le secteur privé réclame ou peut apporter. Selon lui, la démarche du projet agricole se basait sur la liberté d'adhésion. Dans ses témoignages, Ben Salah a d'ailleurs précisé que le soutien mutuel n'est pas la propriété de l'État, et que

---

[39] La vallée de Mallègue fait « 130 kilomètres s'écoulant dans l'ouest de la Tunisie. Son bassin versant est en partie en Algérie ». URL : https://fr.wikipedia.org/wiki/Oued_Mell%C3%A8gue

la mutuelle agricole ne représentait pas une contrainte pour les agriculteurs. Autrement dit, ce n'était pas un acte forcé par l'Etat.

Pourquoi ce projet mutuel a mal tourné alors ? Il s'agissait selon Ben Salah d'une révolution paysanne réussie. Toutefois l'échec aurait été porté par les conseillers politiques proches de Bourguiba qui ont poussé le président à la généralisation du regroupement productif partout dans le pays. Pour le président Bourguiba, le mutualisme, était l'occasion d'améliorer les conditions de vie des paysans pauvres, et aussi une méthodologie pour « encadrer » les populations. Ben Salah était contre ce projet politique autoritaire de généralisation. Le souhait de Ben Salah était plutôt de réformer les conditions de travail paysan et d'adapter ces réformes aux diverses régions. Par la suite, Bourguiba a exprimé son changement de position lorsqu'il a demandé que la loi de coopération agricole soit présentée à l'assemblée.

2. L'ÉCONOMIE SOCIALE, UNE RÉPONSE À LA CRISE APRÈS L'INDÉPENDANCE DE L'ALGÉRIE

La Tunisie n'est pas la seule à avoir suivi ce mode d'économie. De son côté l'Algérie a vécu l'expérience. L'ancien président algérien Houari Boumediene a établi un programme basé sur la valeur de la solidarité après l'indépendance de son pays. Pour Boumediene la solidarité se rangeait parmi les valeurs civilisationnelles les plus durables et qui ont leurs racines dans l'histoire de la société. Ces racines s'étendent aux origines tribales berbères en Algérie en termes d'appartenance et de contrat social spontané, pour s'approfondir davantage avec la propagation de l'islam. Celui-ci a restitué aux habitudes de solidarité leur profondeur spirituelle, tandis que leur dimension contractuelle s'est poursuivie à travers la législation et la jurisprudence. Dans le cadre des mesures judiciaires et fiscales prises par la société algérienne après son indépendance, outre la nationalisation des terres des colons et l'appropriation des entreprises européennes, « le gouvernement algérien a cherché ce qu'il y avait en Algérie de bourgeoisie ; il a d'autre part fait appel aux particuliers en créant un fonds national de solidarité alimenté par les dons »[40]. C'est ainsi qu'a commencé en Algérie le travail sur la valeur de la solidarité. Quelle a été la démarche adoptée par Boumediene pour la mise en place de ce projet ? Quelles retombées sur l'économie nationale ?

Pour comprendre la démarche adoptée par le gouvernement algérien qui a choisi d'élaborer un projet coopératif et solidaire, il est nécessaire de saisir le contexte historique qui a favorisé l'émergence de cette expérience. Incontestablement, la situation en Algérie s'est stabilisée après l'ébullition qui a suivi un coup d'État militaire mené par le colonel Houari Boumediene, ministre de la Défense, contre le président Ahmed Ben Bella, le 19 juin 1965. Toutes les poches de la résistance restante des « forces locales », qui sont des milices formées par le président renversé, ont été confrontées à l'armée selon les besoins. Et sa présence en tant qu'armée parallèle a été l'une des principales armes du coup d'État. Le groupe dirigeant conduit par le colonel Boumediene, commandant en chef de l'armée pendant la guerre d'indépendance, a résisté mais ses hommes étaient dispersés.

Le colonel a réuni ses camarades au « Conseil de la révolution », et leur a déclaré : « La situation est grave, les gens nous les contrôlons mais nous ne gouvernons pas, car celui qui gouverne doit avoir un programme et doit être conscient de la manière de construire le pays qu'il gouverne ». Une longue discussion a eu lieu, et chacun a ouvert la voie : d'abord, il faut calmer les esprits en adoptant un discours de l'unité, non de la rébellion, et par la continuité, non l'éloignement, et par l'union, et non pas la division. Le président du « Conseil de la révolution » a contacté le diplomate et juriste Mohamed Seddik Benya-

[40] Roger Le Tourneau, « Le Maghreb d'antan a-t-il connu des révolutions ? », *Revue des mondes musulmans et de la Méditerranée*, 1968, pp. 153-160

hia, qui avait été nommé il y a quelque temps ambassadeur d'Algérie à Moscou. Une réunion urgente a eu lieu entre les deux hommes, au cours de laquelle Benyahia appuie la décision de la direction révolutionnaire, de former un groupe de travail « afin de présenter un programme de renaissance de l'Etat algérien dans divers secteurs ». Boumediene avait une grande confiance en l'homme qui avait aidé à fonder « l'Union générale des étudiants musulmans algériens » en juillet 1955, et était parmi les organisateurs les plus importants du soulèvement des étudiants et des lycées pour rejoindre la lutte armée. L'un des premiers travaux de ce groupe de travail a été le « Plan Triple 1967/1969 » qui s'est construit sur trois piliers : l'expansion de l'enseignement scientifique et technologique, la construction d'une base industrielle et la réforme agricole.

En fonction des priorités, l'équipe de travail s'est élargie au fil des jours. Elle a commencé à couvrir toutes les spécialités et s'est transformée en un « conseil socio-économique », établissant des plans de développement et jouant le rôle du Parlement dans la soumission des projets de loi. Grâce à cette politique, l'Algérie est sortie de sa situation difficile pour acquérir une base industrielle importante et contrôler ses richesses après la nationalisation de tous les biens français, sa réhabilitation et sa modernisation. L'ambition du gouvernement algérien était la mise en place d'un nouveau système agricole appelé « La révolution agricole », avec le slogan « La terre pour ceux qui la servent », en réponse au besoin du pays de briser une crise étouffante dans la ville et une urgence sans précédent de travaux agricoles dans les campagnes. Des centaines de milliers de familles ont quitté la campagne pour s'installer dans les villes où se trouvent l'école, l'hygiène, le travail et l'éclairage. La campagne était devenue une vaste arène de pauvreté et de sous-développement pendant près de 500 ans, depuis la domination ottomane qui pressait les gens avec des impôts, à la domination française qui a saisi les plus belles terres et les a distribuées aux colons européens. Et cela jusqu'à une guerre féroce que les ruraux ont endurée pendant plus de sept ans, au cours de laquelle ils ont subi meurtres et déplacements.

Pendant les premières années de l'indépendance, les villes étaient peuplées de résidents ruraux jusqu'à ce qu'elles ne puissent plus les recevoir, les écoles n'étaient plus suffisantes et les réseaux d'eau, d'électricité et d'assainissement ne remplissaient pas leur fonction. Des ceintures de misère étaient formées par des maisons en fer-blanc à la périphérie des villes, et d'autres construites sur les toits des bâtiments laissés par l'occupation. Une équipe d'experts s'est consacrée à la fin des années soixante à la recherche d'une réponse à une question urgente : « Pourquoi les villageois abandonnent-ils leurs terres et rejoignent-ils la ville ? », Et ils ont trouvé ainsi la réponse : « Ils viennent pour le bien-être, car la situation à la campagne est écrasante ». Il fallait alors transférer le bien-être à la campagne pour que les gens s'y installent. Le gouvernement a immédiatement commencé à travailler sur l'achèvement du plus grand projet, et c'est ainsi qu'est née la « révolution agricole ». S'ensuit la construction d'un millier de villes paysannes avec toutes leurs installations. Les maisons sont distribuées aux agriculteurs et les terres leur sont attribuées gratuitement sous forme de coopératives collectives, à commencer par celles de l'État héritées des fermes d'occupation nationalisées, ainsi que les terres non exploitées. Dans les années soixante-dix, l'Algérien était en colère lorsque son pays se trouvait comparé à l'Espagne ou à la Corée du Sud. Son horizon y était plus large, tandis que la classe moyenne s'y développait, offrant de grandes opportunités pour former une élite forte.

Cependant, beaucoup estiment que le projet de « révolution agricole » a été historiquement bien supérieur au niveau atteint par la société algérienne. Le système coopératif est compliqué à gérer et nécessite d'autres niveaux de sensibilisation, de coexistence et de capacité à travailler ensemble. Malheureusement un grand nombre de fonctionnaires qui avaient de grandes responsabilités, n'ont pas compris le projet au point qu'il s'est évaporé immédiatement après la mort du président Houari Boumediene.

3. Pour une autre économie : le *Curriculum de l'Économie Sociale et Solidaire* (CUR'ESS)

La Tunisie a connu des expériences de développement à travers le mode libéral au début de l'indépendance, le coopérativisme dans les années 1960 puis le retour au libéralisme dans les années 1970 et jusqu'à ce jour. Cependant, le pays se retrouve aujourd'hui face à des difficultés d'ordres économiques et financiers non seulement liées à la conjoncture internationale actuelle et aux retombées du Coronavirus, mais aussi à la situation sociale complexe dans laquelle est plongée une catégorie de la population. En ce sens, il est important de rappeler que le pays compte un million et sept cent mille pauvres (1.700.000), ainsi qu'un taux de chômage qui atteint 17,5%. On recense 500 000 Tunisiens, qui vivent de 4 dinars par jour, et notamment les familles vulnérables en dessous du seuil de pauvreté qui représentent 17% de la population totale, soit environ un million de Tunisiens. Cette catégorie est beaucoup plus perceptible et même spécifique dans certaines régions qui souffrent d'exclusion et de marginalisation, plus que d'autres. Les régions les plus marquées sont situés au Nord-Ouest et Centre-Ouest, tels que le gouvernorat de Kairouan[41], dont le taux de chô-

[41] Kairouan est une ville du centre de la Tunisie. Elle se situe à 150 kilomètres au Sud-ouest de Tunis, la capitale.

mage dépasse 35%, les gouvernorats de Siliana, et du Kef qui disposent aussi de taux de chômage élevés.

Taux de chômage en Tunisie

Le taux de chômage en Tunisie au cours de l'année en cours (2020) est de 15,3%, enregistrant une légère baisse de 0,1 point (15,4% par rapport à 2018 et 0,2 point par rapport à l'année précédente), avec de même une baisse du chômage des titulaires de diplômes supérieurs au cours de cette année. Le nombre de chômeurs enregistré pour l'année 2019, selon l'Institut national de la statistique, est de 637,7 milliers de chômeurs, contre 644,9 milliers en 2018. Le taux de chômage de cette année pour les hommes est estimé à 12,4% (stabilité par rapport à la même période en 2018) et à 22,6% pour les femmes, en baisse de 0,1% par rapport à l'année précédente. Quant au chômage des titulaires de diplômes supérieurs, le nombre de chômeurs de cette catégorie est tombé à 255,4 milliers à la fin du mois de mars de cette année contre 261,1 milliers l'année dernière. Depuis 2018, il a diminué d'environ 5,7 mille chômeurs, soit une diminution de 28,2%, contre 29,3% à la même période de 2018.

Le taux de chômage dans certains gouvernorats tunisiens, est réparti comme suit. Le gouvernorat de Tataouine 32%, Gafsa 25%, Kebili 25.9%, Tozeur 20.9%, Jendouba 20.1%, Le gouvernorat de Tunis 19.5%, Beja 18.5%, Siliana 17.2%, Kairouan 15.8%, Sidi Bouzid 15.4%, Sousse 12.6%, Ariana 11.6%, Mahdia 12,%, Le Kef 11.1%, Nabeul 10.3%, Médenine 9.9%, Sfax 9.8%, Monastir 6.6%.

En conséquence, de nombreuses voix défendent l'idée d'une économie sociale et solidaire qui puisse apporter des solutions dans le cadre d'une nouvelle vision du développement dans tous les domaines et pour tout type d'activités, basées sur la liberté, la dignité, la justice et la solidarité. Beaucoup plaident de ce fait pour une économie solidaire calquée sur les modèles d'autres pays. Toutefois la conjoncture actuelle nécessite un modèle qui soit aussi bien inspiré des expériences réussies dans le monde, mais qui soit inédit pour s'adapter à la réalité tunisienne dans sa logique et dans ses enchevêtrements. Cette nouvelle économie permettrait tout à la fois de répondre à la crise de l'emploi et du chômage de masse ainsi que de la pauvreté, mais aussi de lutter contre le phénomène croissant de l'économie parallèle, de la contrebande, du monopole et du blanchiment d'argent. Son principe central est de mettre l'accent sur « la priorité de l'homme et la valeur du travail aux dépens des bénéfices et non du capital ». De même que « l'intérêt commun sur l'intérêt individuel », « la non-discrimination », « la liberté d'engagement », et « l'indépendance » sont des critères qui doivent être partagés. La règle de base de cette nouvelle approche concerne la gestion démocratique : en adoptant le principe d'un vote égal à une personne. Elle vise en ce sens principalement, en plus de la promotion d'emploi, à atteindre un équilibre entre les exigences de la viabilité économique et les valeurs de la solidarité sociale, le dévouement de la justice sociale, la répartition équitable des richesses, la réalisation d'une croissance intégrée au profit de tous les groupes.

Dans cette perspective, l'expérience tunisienne doit prendre en considération deux principes : tirer profit du passé et jeter des bases solides pour l'avenir. Certains experts suggèrent que nous devons actuellement compter sur nos propres ressources et sur nous-mêmes. Cela nécessite de changer le concept d'économie sociale, sur une base solide pour « sauver ce qui reste à sauver ». C'est pourquoi, le pays doit prendre ses responsabilités et agir sous la supervision de conseillers pédagogiques et de compétences en sciences humaines et sociales, capables de participer au développement du secteur, dans le partage des responsabilités et la concertation notamment avec les plus jeunes accédant au marché.

Notre projet du ***Curriculum de l'Economie sociale et solidaire*** **(CUR'ESS),** que nous détaillons ci-dessous (sous-parties 4 et 5), consiste en un listing provisoire afin de proposer une première élaboration d'objectifs, de stratégies et d'institutions d'accompagnement selon une approche économique participative. Des institutions qui rempliraient les deux conditions suivantes en matière de protection sociale.

Premièrement : *Une sécurité globale renforcée.* La nouvelle conception du CUR'ESS comprendra des groupes de personnes distinguées qui travailleront dans le cadre d'une institution. Celle-ci devra posséder une vaste expérience, dans le but de couvrir l'ensemble des risques encourus par les populations, de manière complémentaire aux systèmes juridiques de sécurité sociale et de couverture sanitaire, puis en vue de fournir des services d'assistance dans le cadre de la solidarité et de la coopération, au profit des personnes impliquées et de leur premier droit en échange des salaires des contributions.

Deuxièmement : *Le droit aux assurances.* Les compagnies d'assurance coopératives sont des sociétés civiles qui doivent s'acquitter de leurs obligations à couvrir les risques encourus par les souscripteurs, selon la nature et le statut des projets concernés. Autrement dit, le CUR'ESS vise à assurer la couverture sanitaire de tous les travailleurs qui ne sont plus sur le marché du travail. Tout citoyen a le droit à une assurance contre la maladie. Chaque Tunisien a le droit aux médicaments, à l'éducation, et à un revenu mensuel respectable. En ce sens la couverture sociale, tout en travaillant à améliorer la condition des groupes vulnérables, s'étendra à tous les groupes professionnels. Le système de sécurité sociale doit prendre en compte les capacités de financement, autrement dit les cotisations de tous les groupes de la société (et non seulement les agents de l'Etat déjà bénéficiaires), et leur garantir un minimum de prestations sociales (couverture sanitaire, vieillesse, accidents du travail et maladies professionnelles). Aujourd'hui de nombreux travailleurs à domicile ou exploitants agricoles ne reçoivent pas la couverture sanitaire pourtant indiquée dans les textes. Ces groupes sont exploités par les entreprises privées et les propriétaires fonciers qui, malgré leurs capitaux et leurs ressources, refusent d'assumer les charges sociales de leurs employés.

Il faut préciser en ce sens que le CUR'ESS ne doit relever ni de pratiques traditionnelles, ni d'un Etat providence. D'une part les sociétés traditionnelles et les groupements tribaux ont connu ce qu'on appelle la *solidarité sociale*, sous formes de vie coopérative, de solidarité et d'égalité entre les individus au cours des différentes saisons agricoles. La communauté locale organisait par exemple les récoltes des dattes, des olives, ou d'autres travaux nécessitant une coopération entre les différents individus et même entre le propriétaire et les employés. Tout cela confirme une solidarité communautaire de base. D'autre part si l'Etat tunisien doit bien être en mesure de mener « une politique économique coopérative », celle-ci ne peut plus renvoyer strictement aux expériences antérieures des années 1960, décrites précédemment. Plusieurs lectures historiques, économiques et sociologiques de ces années 60 les décrivent comme arbitraires et autoritaires dans l'histoire politique et économique de la Tunisie.

Il est primordial d'aborder un nouveau « mode de développement économique, social et solidaire », à travers les résultats de recherches, les séminaires scientifiques et en fonction des conditions de développement économiques dans lesquelles l'État a mené sa politique à certaines périodes. Il s'agit maintenant d'en faire une « nouvelle proposition économique, scientifique et intellectuelle » avec la participation des associations, et de certaines organisations nationales sans oublier l'Union générale tunisienne du travail. Avec l'appui de l'ensemble de ces acteurs, l'économie sociale et solidaire pourrait être considérée en plus des secteurs public et privé, comme un troisième secteur de l'économie tunisienne, particulièrement actif en matière de réduction du chômage et de la pauvreté. La volonté de l'Etat sera en ce sens déterminante. Le parlement tunisien a d'ailleurs adopté le 17 juin

2020 le projet de loi sur l'économie sociale et solidaire dans le but d'équilibrer la croissance économique et l'équité sociale sur la base d'un canevas juridique proposé par l'UGTT, et d'un soutien de l'OIT.

Ainsi les deux piliers de base du projet que nous proposons en seraient : un texte juridique validé par l'Assemblée des représentants des peuples (ARP), et des institutions de soutien (coopératives, entreprises privées, etc.). Ces deux piliers s'imposeraient comme des gardes fous ou des balises afin de privilégier un accès légal à l'emploi et de réduire simultanément le chômage des diplômés ou le recours aux activités informelles voire à la contrebande. En l'occurrence dans un contexte international où les constitutions de nombreux pays ont élargi l'ESS aux catégories les plus démunies de la société, nous estimons que les propositions de notre projet CUR'ESS, présentées dans les pages suivantes, visent à asseoir l'ESS en l'étendant sur les secteurs non couverts à ce jour, et relevant plus précisément de ce qui s'impose aujourd'hui à la marge comme un quatrième secteur, celui de l'économie informelle voire de la contrebande et de la petite corruption. Ce secteur dit informel pourrait alors plus facilement s'inscrire dans le troisième secteur proposé par une nouvelle conception de l'ESS venant coexister avec les secteurs dits public et dits privé. Nous verrons que le CUR'ESS prônera des lois strictes afin de limiter les phénomènes de l'évasion fiscale et de la contrebande transfrontalière, évoqués précédemment, comme ce qui se pratique à la frontière algérienne. En ce sens, une économie sociale et solidaire permettrait de résorber le secteur dit informel, et deviendrait le troisième pilier sur lequel une économie équilibrée et intégrée se construirait, avec le secteur public et le secteur privé. Cette troisième économie a les capacités et les moyens de se mobiliser pour offrir une meilleure cohésion sociale, ouverte sur la participation de toutes les classes sociales et entreprises de différents secteurs.

4. Objectifs et conditions du CUR'ESS

Pour ce faire, l'Etat devra jouer un nouveau rôle. Et cela bien entendu avec la contribution du ministère de la Formation professionnelle et de l'Emploi, en mesure d'organiser des séminaires et de soutenir la position gouvernementale sur cette nouvelle approche économique. Il aura en ce sens, comme un Etat animateur, la tache de promouvoir les formations qui seront organisées en matière de CUR'ESS, de réexaminer les politiques de l'emploi et des secteurs, sur la base d'études documentées et de séances d'écoute avec les différentes parties prenantes, tels que les chômeurs entrants ou diplômés du supérieur, les associations de la société civile, et les travailleurs sociaux. A travers ce projet économique le succès du CUR'ESS sera appuyé par des expériences et des modèles pilotes, tant nationaux qu'internationaux, non forcément transférables mais susceptibles de fournir des points d'appui pour la construction de ce troisième secteur. Toutefois la condition pour ce nouveau rôle à jouer d'un Etat animateur, demeure son adhésion homogène, suivie de celle de son administration, à la volonté de recomposer l'actuel secteur informel occupé par les monopoleurs, les passeurs, les trafiquants, les blanchisseurs d'argent, et tous ceux qui exploitent les ressources du pays.

1. L'objectif du CUR'ESS, dans sa forme actuelle est de stimuler des institutions économiques, sociales et solidaires pour tous les demandeurs d'emploi. Il doit se concrétiser par son intégration au sein du projet de loi du 17 juin 2020 sur l'ESS. En ce sens, il est indispensable de réviser, et d'apporter des suggestions si nécessaire au projet de loi, et cela

sous l'égide d'un groupe de spécialistes expérimentés, et des propositions qui suivent.

2. Il est nécessaire que le rôle de l'État soit clairement défini dans le CUR'ESS, et qu'il s'inscrive dans une vision et une stratégie à long terme sur le CUR'ESS, qui permettent l'avancement du programme avec une nouvelle économie solidaire.
3. Cette vision et stratégie de l'Etat devront être conçues dans un cadre participatif qui inclut toutes les parties concernées, en particulier la société civile active dans le domaine, pour garantir le consentement de tous les partenaires sur son contenu, sinon le CUR'ESS deviendra un texte sans efficacité ni faisabilité.
4. Le programme active la nouvelle économie solidaire dans de nombreux secteurs, tels que l'agriculture, les industries traditionnelles, les transports, la santé et les services, qui dépendent de ministères sectoriels. A ce titre la création d'un ministère à vocation intersectorielle en charge de l'ESS et du CUR'ESS constituerait un avantage pour établir un chevauchement ministériel dans la conduite de cette nouvelle approche.
5. Lors des négociations sur l'emploi dans le pays, il serait nécessaire de tenir le registre des effectifs du chômage sur les localités, les délégations et les régions.
6. Le financement par l'Etat au bénéfice des petits agriculteurs sera effectué sous condition de compte rendus en fin d'année à des formateurs accompagnateurs et à des experts en assurant le suivi professionnel. Le financement de la grande paysannerie sera assuré par les propriétaires terriens ou avec la participation des entreprises (agroalimentaire, exportations tec…). Les salaires des

travailleurs des deux secteurs seront indexés sur les bénéfices de fin d'année et non sur le capital.

7. Les entreprises relevant de l'ESS devront être retirées du registre du commerce car il répond aux exigences des institutions privées ou sectorielles dotées d'un système comptable spécial, alors que l'ESS s'inscrit dans une autre démarche d'économie marchande solidaire. Les institutions spécifiques à ce 3ème secteur ne doivent pas se juxtaposer avec celles des deux autres (public et privé).

8. Considérant que la plupart des entreprises actives dans le domaine sont de petite taille, il est proposé pour garantir leur succès, l'augmentation du pourcentage de la distribution des bénéfices dans la limite d'un quota de 50%.

9. La loi dans sa forme et son contenu actuels est sans intérêt pour le secteur car elle interférera avec les textes juridiques qui régissent les mutuelles, les sociétés, les coopératives et la nouvelle approche. Il est donc plus utile dans ce cas de mettre à jour les textes juridiques de ces institutions et d'inclure un chapitre sur les principes du CUR'ESS après avoir été approuvé par le gouvernement et l'ARP.

10. Les associations ne font pas partie des institutions du nouveau programme d'économie solidaire, selon le projet de loi du 17 juin 2020. Il faudrait y remédier car cela pourrait exclure les institutions actuellement actives dans le domaine.

11. Le CUR'ESS s'inscrit dans l'objectif de : la création d'emplois, l'établissement de partenariats entre les pauvres et les riches, et la cohésion sociale afin de contribuer à la croissance économique. Ses stratégies en sont l'intégration des différents groupes sociaux, et le basculement de l'économie informelle, quatrième secteur, dans le

3ème secteur, celui de l'ESS. L'Etat devra intégrer précisément l'ensemble de ces objectifs.

12. Préconiser l'octroi d'un crédit pour la création de micro-entreprises avec un taux d'intérêt qui ne dépasse pas 7% en intégrant les services de suivi proposés. Ce financement sera supervisé par le premier responsable (président directeur général) au sein du nouveau ministère chargé de l'économie et de la solidarité.

13. Mise en place d'un conseil supérieur « Conseil suprême pour la nouvelle approche sociale et solidaire » qui comprend tous les partenaires notamment les représentants de la société civile, les institutions de financement, et les universitaires. La composition de ce conseil, ses tâches et ses méthodes de fonctionnement sont déterminées par arrêtés gouvernementaux sous la supervision du président directeur général au sein du nouveau ministère chargé de l'économie et de la solidarité ou de la nouvelle approche solidaire et sociale.

5. Stratégies pour la relance de l'économie dans le cadre du CUR'ESS

Le nouveau modèle de l'économie sociale et solidaire ici préconisé, sera fondé sur des bases scientifiques susceptibles de procurer à la société civile une forte influence dans tous les domaines, « afin de pouvoir progresser vers l'objectif étape après étape, en utilisant l'ingéniosité et l'effort pour le faire »[42], selon les propos de Habib Bourguiba. Afin de lutter contre les profits informels, cette relance sociale et économique se fera dans les conditions stratégiques suivantes.

[42] Discours de Habib Bourguiba, Ariha (Palestine), 1965.

1. La mise en place d'un développement autarcique, qui devrait suspendre toutes les importations liées aux produits non nécessaires, pour une durée de 3 ans à 5 ans. Il conviendrait dans cette perspective de revoir certaines clauses des contrats conclus avec les pays européens depuis 30 ans.
2. L'économie serait alignée sur la production des produits nationaux, et notamment les produits agricoles. Dans ce cas, toutes les terres doivent être cultivées (blé, orge, légumes et fruits, en fonction de la spécificité des régions).
3. Tout citoyen qui monopolise des produits locaux pour les transporter vers les pays transfrontaliers (Lybie, Algérie) ou pour augmenter les prix, sera traduit en justice.
4. Pour faire face à l'accumulation financière issue de la clandestinité, un décret présidentiel devra être émis pour que la banque centrale imprime une nouvelle monnaie.
5. Toute transaction financière supérieure à 50 dinars, doit être effectuée avec une carte bancaire.
6. La devise rapportée de l'extérieur du pays doit nécessairement se déclarer à la douane et se convertir dans les banques tunisiennes. Tout citoyen qui importe intentionnellement de l'argent sans le déclarer sera traduit en justice.
7. L'État fixe un délai spécifique, au plus tard, de 3 mois, pour échanger toute somme d'argent par le biais de la banque. Tout citoyen qui n'a pas rendu l'ancienne monnaie, risque des poursuites. Tout citoyen échangeant des devises étrangères en dehors des circuits officiels (blanchiment d'argent et transfert de fonds obtenus par des moyens illégaux) sera traduit en justice.
8. Toutes les organisations placées sous le contrôle de l'État, telles que les instances constitutionnelles

indépendantes (Instance supérieure indépendante pour les élections, Instance nationale de lutte contre la corruption, Instance nationale de protection des données personnelles, Instance nationale de prévention de la torture, Instance des droits de l'homme et Instance d'accès à l'information) doivent être soumises à un audit annuel. Elles sont tenues de soumettre un rapport détaillé de leurs activités ainsi que des dossiers traités, dont ceux liés aux sommes spoliées par des anciens hommes politiques, des hommes d'affaires et des membres du parti Ennahdha qui ont obtenu des milliards de dinars de compensations. A ce titre, toute personne responsable du dépouillement des fonds public depuis le début de la révolution sera traduite en justice.

9. Le président de la République, doit émettre un décret présidentiel à l'Assemblée des représentants du peuple pour réduire le salaire des députés pour une période de 3 ans, de même pour son propre salaire ainsi que celui des ministres.

10. L'Etat tunisien doit restituer les voitures administratives qui nécessitent un entretien couteux (en plus des frais du carburant), ce qui économisera 200 milliards à 320 milliards de dinars tunisiens.

11. Le gouverneur doit être nommé en fonction de la région à laquelle il appartient. Le gouverneur en exercice est tenu d'inspecter à tout moment toutes les zones défavorisées (fournir l'eau et l'électricité, vérifier l'état des routes et des écoles rurales, faire un état des lieux des familles démunies pour leur procurer la nourriture, les vêtements et les couvertures). Il devra soumettre un rapport mensuel au Premier ministre puis au président de la République sur l'état des lieux de toutes les régions.

12. Les organisations caritatives et la société civile sont tenues à soumettre chaque mois un rapport au gouverneur, qui à son tour doit être tenu de le signaler aux instances publiques concernées.

13. L'audit des comptes de toutes les entreprises du secteur privé doit être programmé. Toutes les entreprises, les usines tunisiennes et étrangères opérant en Tunisie, doivent payer les impôts dans un délai de 6 mois, y compris commerces et restaurants. Au-delà de cette date, risque de traduction en justice.

14. Prévoir dans toute entreprise ou administration des formations à l'impact de la culture d'entreprise et du lien social sur la productivité économique. Tout employé devra être sensibilisé aux retombées collectives et aux valeurs ajoutées de la motivation, de la qualité et de l'assiduité au travail.

15. Recenser tous les fonctionnaires qui ont la responsabilité des fonds dans les banques, les biens mobiliers et immobiliers. Encadrer de même sous forme d'audits externes, tous les fonctionnaires qui occupent des postes de responsabilité dans la fonction publique, en vue de prévenir d'éventuelles implications dans des affaires de corruption.

16. Organiser des collaborations de sous-traitance entre les entreprises publiques (société tunisienne d'électricité et de gaz -STEG- et société nationale d'exploitation et de distribution des eaux -SONEDE), et les petites entreprises relevant du 3ème secteur de l'ESS.

17. Les revenus de la société de Phosphate Gafsa, doivent être répartis d'une façon équitable entre les régions, sous l'égide du ministère référent de l'ESS.

18. Toute personne en chômage recevra 250 dinars par mois, jusqu'à l'obtention d'un travail par le biais du secteur public ou privé. Les jeunes (de 20 à 30 ans, filles et garçons) sans emploi, pourront être affectés aux Ministère de la Défense ou au ministère de l'Intérieur.

19. Les petites entreprises jouent un rôle fort dans la stratégie de développement de nombreux pays, et leur importance est incontestable en Tunisie. Toutefois l'accès au financement constitue pour elles un obstacle majeur, auquel pourrait remédier le CUR'ESS en présentant des alternatives financières parallèles aux circuits bancaires et plus flexibles.

20. La Banque centrale de Tunisie, clef de voute de son système économique, doit devenir une institution plus transparente, à travers ses fonctions et méthodes pour contrôler les banques ainsi que pour financer les secteurs économiques et sociaux. Les institutions de la société civile et de l'ESS pourraient, de manière participative, y devenir force de conseils ou de propositions en vue de stabiliser le 3ème secteur.

Conclusion

Depuis février 2020, on ne parle que du virus « Corona » et de l'isolement sanitaire, qui balaie le monde à très grande vitesse. Avant l'ensemble du monde, les pays les plus touchés ont été la Chine, l'Italie, l'Espagne et la France.

Nombre d'infections et taux de mortalité sont en expansion, les vagues de confinement se succèdent, et les pays ne révèlent pas toujours les bons chiffres. Les vaccins se développent à différents rythmes selon les pays, prônés comme la solution miracle mais sans aucun recul temporel sur leurs effets secondaires.

Le virus a affaibli les individus et les groupes, il a développé et quasiment institutionnalisé la distanciation sociale, il a réussi à faire transmettre par les médias et les gouvernements, la peur et l'angoisse à travers le monde. Sans distinction entre le Nord et le Sud, il rend toutefois plus vulnérables les pauvres et les démunis.

Cette épidémie est à ce jour sans véritable origine. Ceux qui s'inquiètent évoquent la mutation d'un virus lors de manipulation dans les laboratoires chinois qui auraient réussi à cacher l'affaire. Ceux qui doutent accusent, tout comme le fait la Chine, les États-Unis d'avoir propagé ce virus à travers un groupe de soldats qui ont suivi une formation militaire à Wuhan en octobre 2019. Ceux qui y croient, défendent la thèse originelle du marché aux poissons de la ville chinoise de Wuhan, de la consommation de pangolins et de leur croisement avec la chauve-souris. Au centre du débat sur les origines pourrait se trouver celui de la guerre commerciale aujourd'hui conduite entre les deux pays qui rivalisent pour un leadership mondial. Les Etats-Unis, dont le président s'est cantonné dans la négation égoïste et protectionniste du sérieux de l'épidémie, pourrait en être les grands perdants. Quant à la Chine, son aide aux pays les plus touchés lors de la première vague, et son apparente efficacité dans la résolution de la crise sur son territoire national, ont pu la distinguer aux yeux du monde.

Cette crise se présente comme un révélateur de la géopolitique du monde et de la mise en place d'un nouvel ordre international. Le virus a frappé le commerce mondial et sa concentration sur la Chine du numérique et de l'industrie pharmaceutique. La Chine est l'usine du monde. Elle s'est arrêtée quelques mois mais est à ce jour bien repartie. Elle ne diminuera pas ses exportations, mais l'Europe et les Etats-Unis vont-ils choisir le protectionnisme, suspendre leurs importations, réorganiser et relocaliser leurs productions, et réaménager leurs marchés ? La difficulté de se déplacer, d'importer et d'exporter, pourraient conduire de nombreux pays à parier sur la relance de leurs ressources propres afin de garantir les besoins de leurs populations, et donc d'assurer leur sécurité nationale. La consommation va-t-elle baisser, et comment le commerce international en sera-t-il affecté ?

Une telle pause de la part de ses partenaires frapperait profondément l'économie chinoise dans son ambition de devenir la plus grande puissance économique du monde. Toutefois il est possible que rien ne change et que la Chine, ayant régulé la pandémie, soit en position de reprendre tous les marchés et d'en gagner de nouveau notamment dans les pays du Sud et en développement. Alors que les Etats-Unis, empêtrés dans une gestion déplorable centrée sur la seule personnalité de son président et mobilisés par une crise sociale et culturelle (traitement policier des minorités noires), devront se construire une lente résilience.

L'épidémie peut être vue comme un grand paradoxe sonnant la fin de la mondialisation : un virus qui circule par-delà les frontières, et à l'inverse des pays qui ferment leurs portes et qui se replient sur eux-mêmes. La mondialisation jusqu'à ce jour reposait principalement sur la liberté des échanges, la libre circulation des capitaux et des investissements, et les facilités de communication entre pays. En toute logique, chaque société va-t-elle parier sur la relance de ses compétences et de ses industries régionales et locales ? La Tunisie va-t-elle alors devoir se recentrer sur son patrimoine et sur son tourisme culturel ?

Nous proposons pour cela une réorientation de son développement vers un troisième secteur dynamisé par notre « Curriculum de l'économie sociale et solidaire » (CUR'ESS). Il s'agit là d'une première solution pour réduire la propagation de la pauvreté, de la faim, du monopole et du blanchiment d'argent de manière significative en transformant le secteur informel et le commerce parallèle en un secteur organisé basé sur le partenariat, la promotion de l'entrepreneuriat, la réduction du chômage. Ce secteur serait alimenté par la production d'activités rémunératrices qui permettraient de sortir d'une économie informelle, puis contribueraient à encourager la production des produits locaux (produits agricoles, etc.) pour parvenir à l'autosuffisance, et à réduire la dépendance vis à vis de l'Etat.

Pour ce faire, la Tunisie devra certainement se situer par référence au nouvel ordre international décrit dans cet essai : l'histoire de ses alliances avec les Etats-Unis et ses alliés du proche orient, sa corruption politique et financière au sommet de l'Etat, la lutte contre la petite corruption et les pratiques informelles, la restructuration de son économie sociale et solidaire au sein d'un troisième secteur en dialogue avec les secteurs public et privé. A la lumière de la pandémie qui s'installe elle devra alors elle aussi amorcer son coronavirage entre le social, l'économique et le politique. Ce tournant annoncé de la société tunisienne, dans les mois à venir et en relation avec le suivi de la pandémie, fera l'objet d'un prochain ouvrage…

BIBLIOGRAPHIE

Raymond Barre, « l'économie de la Tunisie : problèmes et perspectives », *IBLA*, vol17, n°67, 1954.

B.M. Bhatia, *Famines in India: a study in some aspects of the economic history of India, 1860-1945*, Asia Publishing House, 1963.

Giorgio Blundo, Jean-Pierre Olivier de Sardan, « Introduction. Étudier la corruption quotidienne : pourquoi et comment ? », Dans *État et corruption en Afrique*, 2007, pp 5-28.

Andreas Von Bülow, *Die CIA und der 11 septembre. Internationaler Terror und die Rolle der Geheimdienste*, Piper Verlag GmbH, Munich, 2003

Khalifa Chater, « La Franc-maçonnerie en Tunisie à l'épreuve de la colonisation (1930-1956) », *Cahiers de la Méditerranée*, 72 | 2006, pp 367-375.

Pierre-Noel Denieuil, Houda Laroussi, *Tunisie 2011-2014. Radioscopie d'une entrée en révolution*, L'Harmattan, Paris, 2017

Pierre-Noel Denieuil, *Le chercheur, le diplomate et la révolution tunisienne - Mémoires d'un directeur d'Institut français en Tunisie (2008-2013)*, Paris, L'Harmattan, 2016.

Cyrille Devendeville, « Les aspects généraux de la mutualisation », *Gazette des archives*, pp. 33-40, 2013.

Bernard Eme & Jean-Louis Laville, *Cohésion sociale et emploi,* Paris, Desclée de Brouwer, 1994.

Song Hongjing, *La Guerre des monnaies. La Chine et le Nouvel Ordre mondial*, Editions Le Retour aux Sources, Paris, 2013.

David Jarry, « Le Dr. Eric Pianka déclarait en 2006 à l'Université du Texas : l'utilisation de Ebola permettrait d'exterminer 90% de la population mondiale », publié le 1octobre 2014, Webmaster. URL : http://conscience-du-peuple.blogspot.com/2012/01/le-scientifique-dr-eric-r-pianka-defend.html

Henry Kissinger, *L'ordre du monde*, Fayard, Paris, 2016

Houda Laroussi, *Micro-crédit et lien social. La solidarité instituée*, Editions Karthala, Paris, 2009

Houda Laroussi, « L'économie sociale et solidaire. Une approche tunisienne », plateforme Chabaka.tn : https://urlz.fr/bMNM, 7 février, 2020

Imed Melliti et Hayet Moussa (dir.), *Quand les jeunes parlent d'injustice. Expériences, registres et mots en Tunisie* ; préface de Sihem Najar, L'Harmattan, Paris, 2018

Sihem Najar, *Les réseaux sociaux sur Internet à l'heure des transitions démocratiques*, Paris, Karthala, 2013

Lisa Roméo, « Déclaration Balfour », publié le 11 septembre 2010, URL : https://www.lesclesdumoyenorient.com/Declaration-Balfour.html

Syed Ali Salman, « Banque islamique dans la région du Moyen-Orient et de l'Afrique du Nord (MENA) », Islamic Economic Studies, The Islamic Research and Training Institute (IRTI), vol. 20, pages 1-44, 2012.

Jean-Michel Servet, interview par Philippe Le Bé, « Coronavirus ? C'est une fois de plus sauve qui peut les banques », Bilan, 6 avril 2020. https://www.bilan.ch/finance/coronavirus-cest-une-fois-de-plus-sauve-qui-peut-la-finance

Jean-Michel Servet, « Coronavirus : une opportunité pour une politique monétaire au bénéfice de tous », Le Temps, 24 mars 2020 avec Solène Morvant-Roux.

https://www.letemps.ch/economie/coronavirus-une-opportunite-une-politique-monetaire-benefice

Frank Snowden, *Epidemics and Society: From the Black Death to the Present*, Yale University Press, 2019. URL : https://yalebooks.yale.edu/book/9780300192216/epidemics-and-society

Stephen Taylor, *The Psychology of Pandemics: Preparing for the Next Global Outbreak of Infectious Disease*, Cambridge Scholars Publishing, 2019.

Roger Le Tourneau, « Le Maghreb d'antan a-t-il connu des révolutions ?», *Revue des mondes musulmans et de la Méditerranée*, 1968, pp. 153-160

RAPPORTS

La petite corruption : le danger banalisé. Étude exploratoire sur la petite corruption en Tunisie. Publication du rapport de l'ATCP, Association tunisienne des contrôleurs publics, 2015

SITE CONSULTÉS

« Coronavirus: cinq épidémies qui ont contribué à changer le cours de l'histoire ».
https://www.bbc.com/afrique/monde-52076467

Tribune, « Coronavirus : la crise pourrait mettre au chômage 25 millions de personnes dans le monde », 18 mars 2020.
https://www.latribune.fr/economie/international/coronavirus-la-crise-pourrait-mettre-au-chomage-25-millions-de-personnes-dans-le-monde-842616.html

http://www.espaces-latinos.org/archives/90174

https://fr.wikipedia.org/wiki/Fajr_Libya

https://en.wikipedia.org/wiki/Qatar_Fund_for_Development

https://en.wikipedia.org/wiki/Death_by_China

https://www.lemonde.fr/economie/article/2020/05/08/aux-etats-unis-le-taux-de-chomage-au-plus-haut-depuis-50-ans_6039101_3234.html.

https://www.franceinter.fr/vie-quotidienne/boris-cyrulnik-apres-le-coronavirus-il-y-aura-des-changements-profonds-c-est-la-regle

https://fr.wikipedia.org/wiki/La_Guerre_des_monnaies._La_Chine_et_le_Nouvel_Ordre_mondial

TABLE DES MATIÈRES

Dans la collection
Socio-anthropologie des mondes méditerranéens et africains
fondée par Pierre-Noël Denieuil en 2009

Halima Ouanada (dir.), *(Re)penser le féminin*, L'Harmattan, Paris, 2020.

Mohamed Jouili, Maryam Ben Salem (dir.), *Engagement citoyen et jeunesse plurielle en Tunisie*, L'Harmattan, Paris, 2020.

Soumaya Abdellatif, *De l'adoption en Tunisie. Controverses filiales*, L'Harmattan, Paris, 2020.

Sihem Najar, Lilia Othman Challougui (dir.), *Écrire sur les jeunes. Des réalités juvéniles questionnées par la jeune recherche en Tunisie*, L'Harmattan, Paris, 2019.

Abdelfettah Benchenna, Hélène Bourdeloie et Zineb Majdouli (dir.), *Cultures et jeunes adultes en région Méditerranée. Circulations, pratiques et soft power*, L'Harmattan, Paris, 2019.

Salma Derouiche-El Kamel, *Narcissisme, corps et création. L'artiste à l'épreuve de la projection*, L'Harmattan, Paris, 2019.

Régine Tchicaya-Oboa, *Femmes créatrices d'entreprises au Congo-Brazzaville. 10 portraits*, L'Harmattan, Paris, 2018.

Imed Melliti, Hayet Moussa (dir.), *Quand les jeunes parlent d'injustice. Expériences, registres et mots en Tunisie*, L'Harmattan, Paris, 2018.

Yassine Akhiate, *L'audiovisuel au Maroc en 10 questions*, L'Harmattan, Paris, 2018.

Youssef Sadik, *Les paradoxes de l'employabilité dans les pays du Sud. Le travail et l'entreprise à l'épreuve de la mondialisation*, L'Harmattan, Paris, 2018.

Houda Laroussi, *Femmes et développement local en Tunisie. Acteurs et enjeux*. L'Harmattan, Paris, 2018.

Houda Laroussi (dir.), *Pratiques du travail social en France et au Maghreb. Compétences, formation et professionnalisation*. L'Harmattan, Paris, 2017.

Aïssa Merah, Michèle Gellereau et Nabila Aldjia Bouchaala (dir.), *Reconfiguration des expressions et des pratiques culturelles à l'ère du numérique en Méditerranée.* L'Harmattan, Paris, 2017.

Pierre-Noël Denieuil et Houda Laroussi, *Tunisie 2011-2014. Radioscopie d'une entrée en révolution.* L'Harmattan, Paris, 2017.

Nadia Kerdoud, *Recompositions urbaines et nouveaux espaces de consommation en Algérie. Les dynamiques commerciales aux périphéries des villes de l'Est algérien.* L'Harmattan, Paris, 2017.

Pierre-Noël Denieuil, *Le chercheur, le diplomate et la révolution tunisienne. Mémoires d'un directeur d'Institut français en Tunisie (2008-2013).* L'Harmattan, Paris, 2016.

Abdelfettah Benchenna et Luc Pinhas (dir.), *Industries culturelles et entrepreneuriat au Maghreb.* L'Harmattan, Paris, 2016.

Racha Meziou et Zeineb Cherni (dir.), *Usages des technologies numériques de l'information et de la communication : constructions identitaires et interculturalités.* GDRI CNRS et L'Harmattan, Paris, 2015.

Sihem Najar et Lilia Othman Challougui (dir.), *Ecrire sur les femmes. Retour réflexif sur une expérience de recherche.* CAWTAR et L'Harmattan, Tunis/Paris, 2014.

Sihem Najar (dir.), *Nouvelles technologies et lien social en Méditerranée.* GDRI CNRS et L'Harmattan, Tunis, Paris, 2014.

Nadhem YOUSFI, *Des Tunisiens dans les Alpes-Maritimes : une histoire locale et nationale de la migration transméditerranéenne.* IRMC-L'Harmattan, Paris, 2013.

Ridha BEN AMOR, *Les formes élémentaires du lien social en Tunisie. De l'entraide à la reconnaissance.* IRMC-L'Harmattan, Paris, 2011.

Odile MOREAU (dir.), *Réforme de l'Etat et réformismes au Maghreb (XIXe-XXe siècles).* IRMC-L'Harmattan, Paris, 2009.

Structures éditoriales du groupe L'Harmattan

L'Harmattan Italie
Via degli Artisti, 15
10124 Torino
harmattan.italia@gmail.com

L'Harmattan Hongrie
Kossuth l. u. 14-16.
1053 Budapest
harmattan@harmattan.hu

L'Harmattan Sénégal
10 VDN en face Mermoz
BP 45034 Dakar-Fann
senharmattan@gmail.com

L'Harmattan Cameroun
TSINGA/FECAFOOT
BP 11486 Yaoundé
inkoukam@gmail.com

L'Harmattan Burkina Faso
Achille Somé – tengnule@hotmail.fr

L'Harmattan Guinée
Almamya, rue KA 028 OKB Agency
BP 3470 Conakry
harmattanguinee@yahoo.fr

L'Harmattan RDC
185, avenue Nyangwe
Commune de Lingwala – Kinshasa
matangilamusadila@yahoo.fr

L'Harmattan Congo
67, boulevard Denis-Sassou-N'Guesso
BP 2874 Brazzaville
harmattan.congo@yahoo.fr

L'Harmattan Mali
Sirakoro-Meguetana V31
Bamako
syllaka@yahoo.fr

L'Harmattan Togo
Djidjole – Lomé
Maison Amela
face EPP BATOME
ddamela@aol.com

L'Harmattan Côte d'Ivoire
Résidence Karl – Cité des Arts
Abidjan-Cocody
03 BP 1588 Abidjan
espace_harmattan.ci@hotmail.fr

L'Harmattan Algérie
22, rue Moulay-Mohamed
31000 Oran
info2@harmattan-algerie.com

L'Harmattan Maroc
5, rue Ferrane-Kouicha, Talaâ-Elkbira
Chrableyine, Fès-Médine
30000 Fès
harmattan.maroc@gmail.com

Nos librairies en France

Librairie internationale
16, rue des Écoles – 75005 Paris
librairie.internationale@harmattan.fr
01 40 46 79 11
www.librairieharmattan.com

Librairie l'Espace Harmattan
21 bis, rue des Écoles – 75005 Paris
librairie.espace@harmattan.fr
01 43 29 49 42

Lib. sciences humaines & histoire
21, rue des Écoles – 75005 Paris
librairie.sh@harmattan.fr
01 46 34 13 71
www.librairieharmattansh.com

Lib. Méditerranée & Moyen-Orient
7, rue des Carmes – 75005 Paris
librairie.mediterranee@harmattan.fr
01 43 29 71 15

Librairie Le Lucernaire
53, rue Notre-Dame-des-Champs – 75006 Paris
librairie@lucernaire.fr
01 42 22 67 13

www.ingramcontent.com/pod-product-compliance
Lightning Source LLC
LaVergne TN
LVHW051107051026
849532LV00004BB/1468
* 9 7 8 2 3 4 3 2 2 5 4 6 3 *